CE1

La tribu des maths

Philippe-Alain Deguilhaume
Professeur des écoles

Sébastien Dessertine
Professeur des écoles

Coordination de :
Jean-Pierre Demagny, inspecteur de l'Éducation nationale honoraire
Thierry Dias, formateur en mathématiques en IUFM
Jean-Paul Duplay, professeur de mathématiques

MAGNARD
www.latribudesmaths.fr

Conception de couverture et maquette intérieure : Véronique Lefebvre

Illustration de couverture : Mayalen Goust

Illustrations : Karine Bernadou, Mayalen Goust

Mise en pages : MÉDIAMAX

Édition : Marion Jacquemart, Anne Chauvellier

Auteur des pages magazine : Pierre Luciani

Crédits photographiques

p. 34 : Cosmos.
p. 90 : L'Europe vue du Ciel.
p. 91 : Fotolia ; Corbis ; ADAGP, Paris 2010.
p. 110 : Fotolia.
pp. 116-117 : Corbis.
p. 116 : Bios ; Fotolia ; Fotolia ; Fotolia ; Fotolia.
p. 140 : Getty Images ; Fotolia ; Fotolia.
p. 141 : Fotolia ; Fotolia.

5, allée de la 2e D.B. – 75015 Paris

Achevé d'imprimer en Avril 2011 par Rotolito Lombarda
Dépot légal: Février 2010 - N° éditeur : 2011/300

Mode d'emploi

Une séquence-type en numération

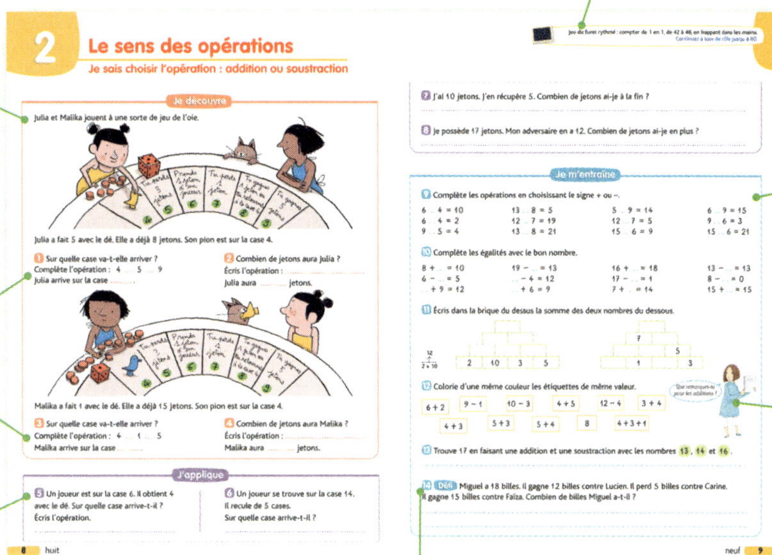

- Une situation d'apprentissage qui s'appuie sur **un jeu afin de susciter la curiosité de l'élève**.
- Des **problèmes** à **résoudre** pour trouver une démarche.
- Une **mise en application** de la démarche.
- Une activité de **calcul mental**.
- Des **exercices de difficulté progressive** pour s'entraîner et consolider les connaissances.
- Un **conseil**, une explication de vocabulaire.
- Des **défis** pour s'entraîner, tout seul ou en équipe, à réfléchir, tâtonner... et trouver !

Une séquence-type en géométrie

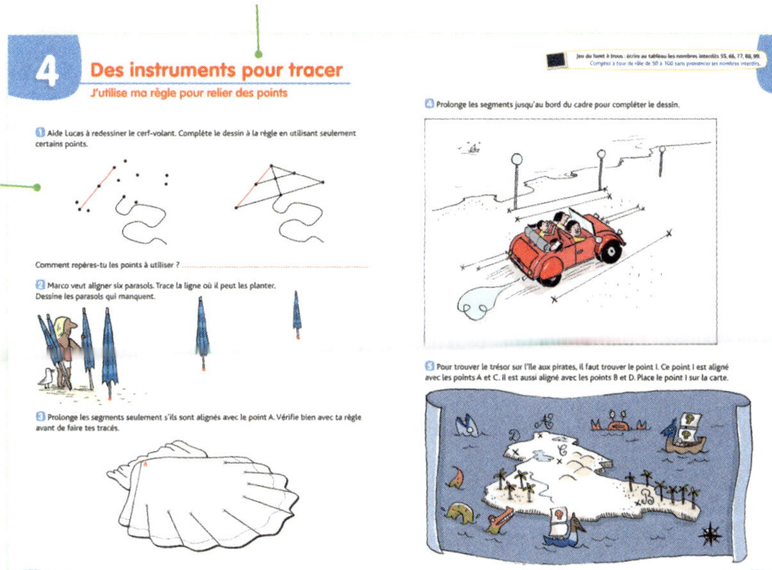

- En géométrie, des **activités riches** qui associent réflexion et entraînement.
- L'élève a de la **place** pour faire ses tracés.

Sommaire

Nombres et calcul
Géométrie
Grandeurs et mesures
Organisation et gestion de données

Période 1

1 Les nombres jusqu'à 99 (1) ... p. 6
2 Le sens des opérations ... p. 8
3 Les nombres jusqu'à 99 (2) ... p. 10
4 Des instruments pour tracer ... p. 12
5 Les nombres jusqu'à 99 (3) ... p. 14
6 Les compléments à 10 ... p. 16
7 Se repérer dans l'espace ... p. 18
8 Les nombres jusqu'à 99 (4) ... p. 20
9 Lire, chercher, comprendre ... p. 22
10 Groupements et dénombrements ... p. 24
11 Longueurs et distances (1) ... p. 26
12 Calculer en ligne (1) ... p. 28
13 La calculatrice ... p. 30
Je fais le bilan ... p. 32
Des raccourcis pour aller plus vite ! ... p. 34

Période 2

14 Les unités de temps (1) ... p. 36
15 Les nombres jusqu'à 199 ... p. 38
16 Utiliser les euros ... p. 40
17 J'apprends à tracer (1) ... p. 42
18 Calculer en ligne (2) ... p. 44
19 Les nombres jusqu'à 999 (1) ... p. 46
20 Poser une addition en colonnes ... p. 48
21 Comparer des nombres ... p. 50
22 Longueurs et distances (2) ... p. 52
23 Raisonner en mathématiques (1) ... p. 54
24 Représenter l'espace ... p. 56
25 Calculer en ligne (3) ... p. 58
Je fais le bilan ... p. 60
Vous avez l'heure ? ... p. 62

Période 3

26 Les nombres jusqu'à 999 (2) ... p. 64
27 Des solides ... p. 66
28 Les nombres jusqu'à 999 (3) ... p. 68
29 La soustraction posée (1) ... p. 70
30 Le quadrillage ... p. 72

31 La soustraction posée (2) ... p. 74
32 Le compteur ... p. 76
33 La multiplication (1) ... p. 78
34 J'apprends à tracer (2) ... p. 80
35 Organiser et gérer des données (1) ... p. 82
36 La table de 5 ... p. 84
37 Les unités de temps (2) ... p. 86
Je fais le bilan ... p. 88
La géométrie est partout ! ... p. 90

Période 4
38 Décomposer un nombre ... p. 92
39 Les tables de 2 et de 4 ... p. 94
40 La multiplication (2) ... p. 96
41 L'angle droit ... p. 98
42 La multiplication posée (1) ... p. 100
43 Calculer en ligne (4) ... p. 102
44 Raisonner en mathématiques (2) ... p. 104
45 Doubles et moitiés ... p. 106
46 Les figures planes ... p. 108
47 Comparer des masses ... p. 110
48 Résoudre des problèmes de tracés ... p. 112
Je fais le bilan ... p. 114
Perles et pierres précieuses ... p. 116

Période 5
49 Diviser par 2 ou par 5 ... p. 118
50 Organiser et gérer des données (2) ... p. 120
51 Les nombres jusqu'à 999 (4) ... p. 122
52 La multiplication posée (2) ... p. 124
53 La multiplication posée (3) ... p. 126
54 La table de 3 ... p. 128
55 Les opérations posées ... p. 130
56 Longueurs et distances (3) ... p. 132
57 Résoudre des problèmes (1) ... p. 134
58 La symétrie ... p. 136
59 Résoudre des problèmes (2) ... p. 138
Les records du monde… animal ... p. 140
Je fais le bilan ... p. 142
Mémento ... p. 145
Banque d'exercices et de problèmes ... p. 154

1 Les nombres jusqu'à 99 (1)

Je lis et j'écris des nombres en chiffres et en mots

Je découvre

1 Écris deux nombres avec ces étiquettes.

deux | quatre | vingt(s) | soixante

....

....

2 Colorie en rouge les ballons qui correspondent à ces nombres.

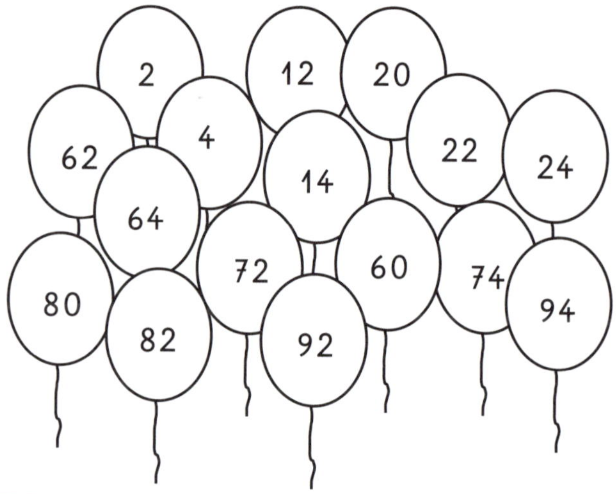

J'applique

3 Colorie en jaune tous les ballons dont tu peux écrire le nombre avec les étiquettes.

Je m'entraîne

4 Voici des nombres. Choisis-en 5 et dicte-les à ton voisin.

24	39	44	65	70	77	79	80	87	92	94	96

5 Écris les nombres que ton voisin te dicte : ....

6 Écris le numéro des coureurs sur les dossards.

Le quatre-vingt-six a gagné.

Le soixante-dix-sept est arrivé 2e.

Le soixante-sept est tombé et il s'est blessé au pied.

Le quatre-vingt-un a fini 3e.

Le quatre-vingt-seize est arrivé le dernier de la course.

Jeu du furet : compter de 1 en 1, de 60 à 65.
Continuez à tour de rôle jusqu'à 99.

7 Barre les nombres qui n'existent pas.

vingt-huit — trente-douze — cinquante-deux — cinquante-seize

dix-neuf — soixante-quinze — dix-treize — quatre-vingt-quatorze

quarante-un — douze-neuf — quatre-vingt-quatre

8 Écris les nombres en mots.

36	
51	
78	
93	

9 Relie les nombres dans l'ordre.

10 **Défi** Les enfants ont trouvé un drôle de message sur un parchemin. Aide-les à le déchiffrer.

Le message indique ....

2 Le sens des opérations

Je sais choisir l'opération : addition ou soustraction

Je découvre

Julia et Malika jouent à une sorte de jeu de l'oie.

Julia a fait 5 avec le dé. Elle a déjà 8 jetons. Son pion est sur la case 4.

1 Sur quelle case va-t-elle arriver ?
Complète l'opération : 4 ... 5 ... 9
Julia arrive sur la case ....

2 Combien de jetons aura Julia ?
Écris l'opération : ....
Julia aura .... jetons.

Malika a fait 1 avec le dé. Elle a déjà 15 jetons. Son pion est sur la case 4.

3 Sur quelle case va-t-elle arriver ?
Complète l'opération : 4 ... 1 ... 5
Malika arrive sur la case ....

4 Combien de jetons aura Malika ?
Écris l'opération : ....
Malika aura .... jetons.

J'applique

5 Un joueur est sur la case 6. Il obtient 4 avec le dé. Sur quelle case arrive-t-il ?
Écris l'opération.

....

6 Un joueur se trouve sur la case 14.
Il recule de 5 cases.
Sur quelle case arrive-t-il ?

....

Jeu du furet rythmé : compter de 1 en 1, de 42 à 48, en frappant dans les mains.
Continuez à tour de rôle jusqu'à 80.

7 J'ai 10 jetons. J'en récupère 5. Combien de jetons ai-je à la fin ?

....

8 Je possède 17 jetons. Mon adversaire en a 12. Combien de jetons ai-je en plus ?

....

Je m'entraîne

9 Complète les opérations en choisissant le signe + ou –.

6 ... 4 = 10	13 ... 8 = 5	5 ... 9 = 14	6 ... 9 = 15
6 ... 4 = 2	12 ... 7 = 19	12 ... 7 = 5	9 ... 6 = 3
9 ... 5 = 4	13 ... 8 = 21	15 ... 6 = 9	15 ... 6 = 21

10 Complète les égalités avec le bon nombre.

8 + ... = 10	19 – ... = 13	16 + ... = 18	13 – ... = 13
6 – ... = 5	... – 4 = 12	17 – ... = 1	8 – ... = 0
... + 9 = 12	... + 6 = 9	7 + ... = 14	15 + ... = 15

11 Écris dans la brique du dessus la somme des deux nombres du dessous.

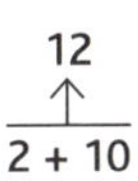

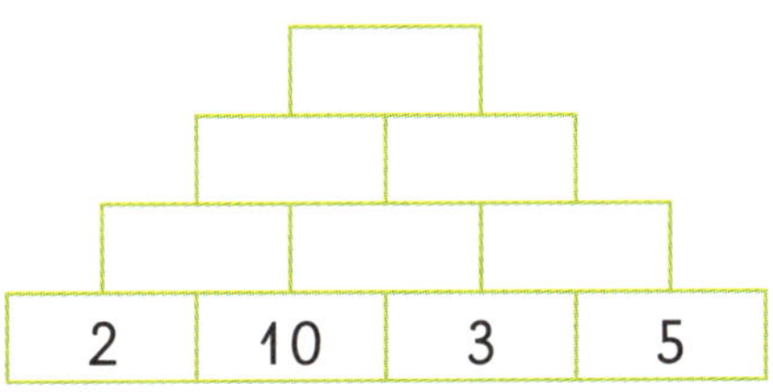

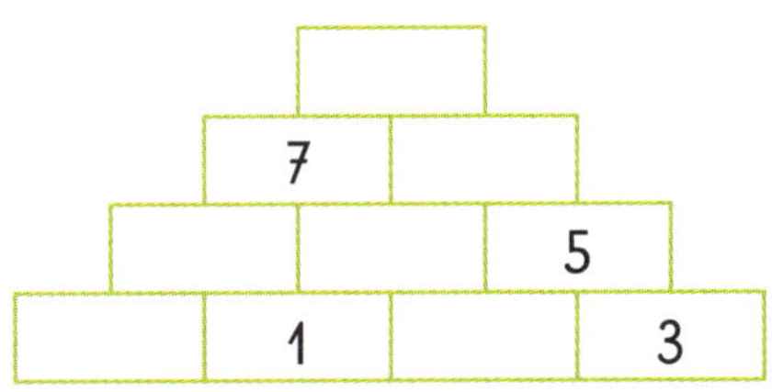

12 Colorie d'une même couleur les étiquettes de même valeur.

6 + 2 | 9 – 1 | 10 – 3 | 4 + 5 | 12 – 4 | 3 + 4

4 + 3 | 5 + 3 | 5 + 4 | 8 | 4 + 3 + 1

13 Trouve 17 en faisant une addition et une soustraction avec les nombres 13, 14 et 16.

....

14 **Défi** Miguel a 18 billes. Il gagne 12 billes contre Lucien. Il perd 5 billes contre Carine. Il gagne 15 billes contre Faïza. Combien de billes Miguel a-t-il ?

....

....

3 Les nombres jusqu'à 99 (2)

Je sais écrire des nombres dans l'ordre

Je découvre

Le tableau des nombres

1 Complète d'abord la première ligne et la première colonne du tableau des nombres.

2 Place dans le tableau les nombres suivants.

14 19 27 32

44 63 66 89

0	1	2	3					8	
10									
20									
30									
40									
70									

J'applique

3 Quels nombres sont cachés sous les cases colorées ? Écris-les dans le tableau.

Je m'entraîne

4 Complète la bande numérique.

...	...	40	...	...	...	...	...	...	...	...	...	50	...	...	...

5 Entoure les nombres cachés par la trousse.

54 73 77 78 81 87

74	75	76	77	84	85	86

6 Complète la suite. Regarde bien l'ordre des nombres.

...	...	...	...	44	...	...	41	...	...	...	...	...

7 Michel a écrit la suite des nombres. Corrige son cahier sur la ligne en dessous.

8 Range les jetons de loto du plus petit au plus grand.

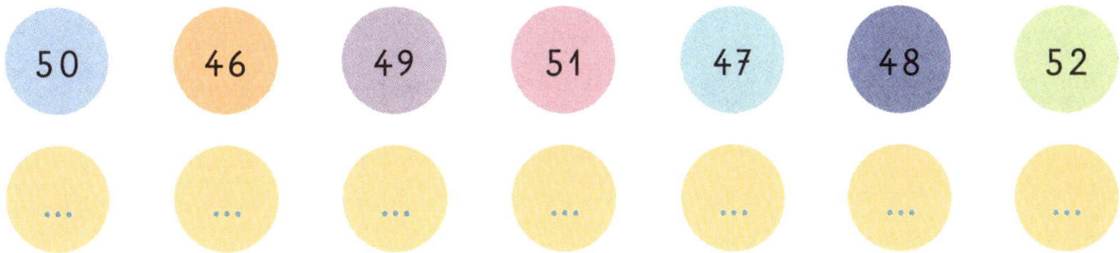

9 Il manque le numéro de la rue sur l'enveloppe. Ce numéro, c'est le nombre qui vient juste avant 80. Écris-le sur l'enveloppe.

10 Dans ces morceaux de bande numérique, les nombres se suivent. Écris ceux qui manquent.

65	66	…

38	…	…

88	89	…

…	69	…

24	…	26

49	…	…

…	40	41

…	…	91

11 **Défi**

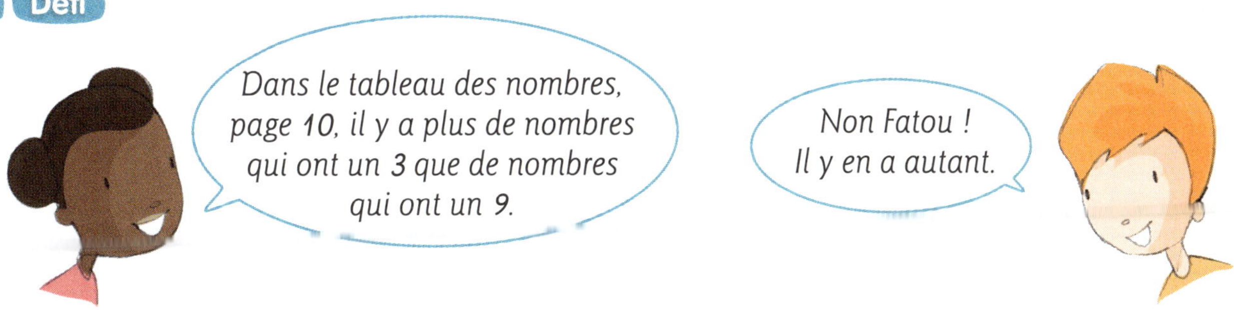

Qui a raison ? Max ou Fatou ? Explique : ……………………………………………………

……………………………………………………………………………………

4 Des instruments pour tracer

J'utilise ma règle pour relier des points

1 Aide Lucas à redessiner le cerf-volant. Complète le dessin à la règle en utilisant seulement certains points.

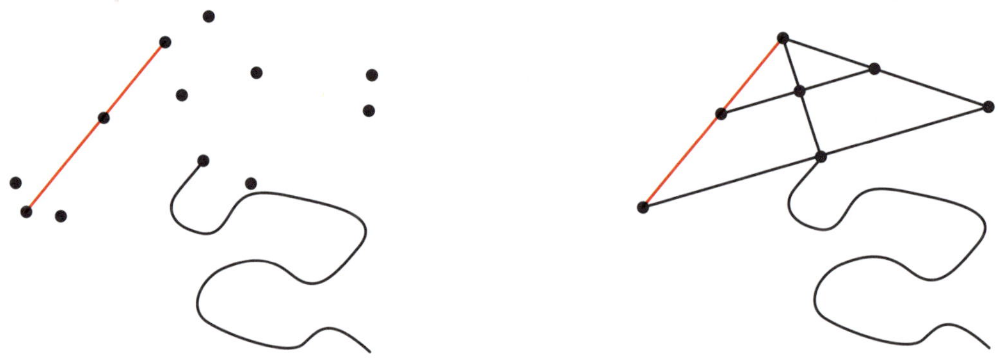

Comment repères-tu les points à utiliser ? ....

2 Marco veut aligner six parasols. Trace la ligne où il peut les planter.
Dessine les parasols qui manquent.

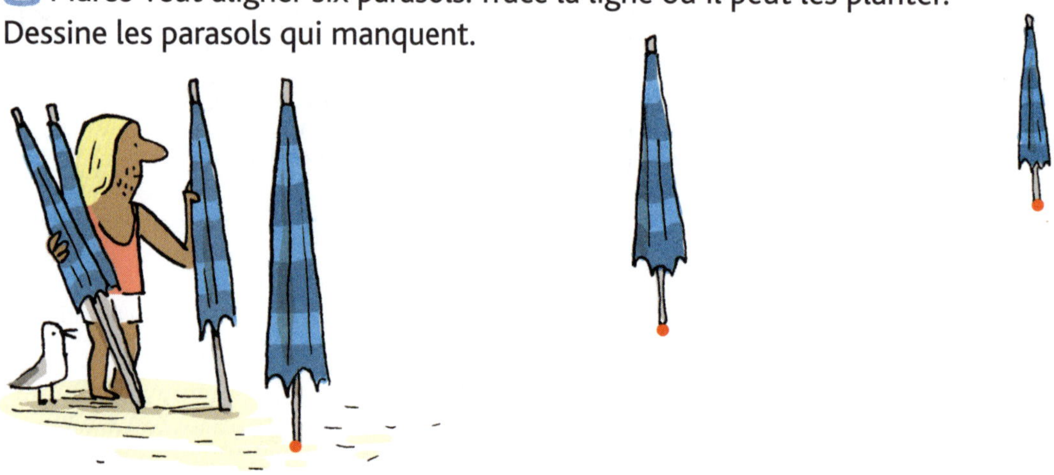

3 Prolonge les segments seulement s'ils sont alignés avec le point A. Vérifie bien avec ta règle avant de faire tes tracés.

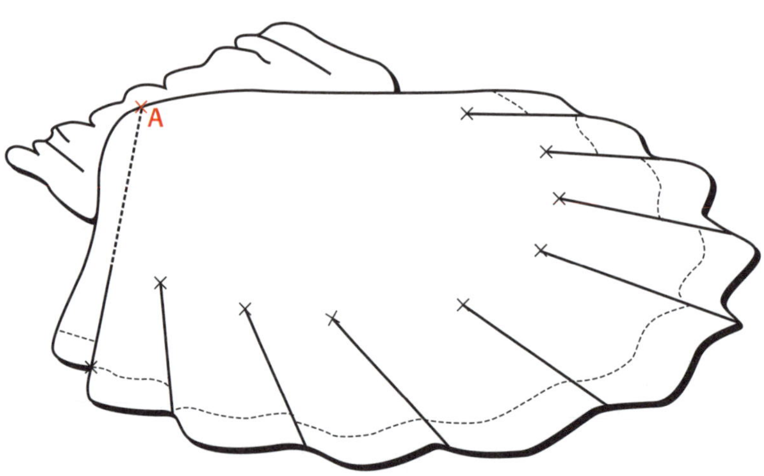

Jeu du furet à trous : écrire au tableau les nombres interdits 55, 66, 77, 88, 99.
Comptez à tour de rôle de 50 à 100 sans prononcer les nombres interdits.

4 Prolonge les segments jusqu'au bord du cadre pour compléter le dessin.

5 Pour trouver le trésor sur l'île aux pirates, il faut trouver le point I. Ce point I est aligné avec les points A et C. Il est aussi aligné avec les points B et D. Place le point I sur la carte.

5 Les nombres jusqu'à 99 (3)

Je sais ranger et intercaler des nombres dans une série

Je découvre

1 Indique par une flèche l'endroit où l'on doit attacher chaque drapeau.

Comment as-tu fait pour trouver la bonne place ? ....

....

J'applique

2 Observe dans quel ordre sont rangés les drapeaux. Complète-les par des nombres qui conviennent.

...	23	...	...	30	...	47	...	...	90	...

...	75	...	...	50	...	47	...	...	10	...

Je m'entraîne

3 Range les étiquettes dans l'ordre croissant.

20	80	50	70	30	90	40
.....	.....	.....	.....	.....	.....	.....

Écrire un nombre inférieur à 99 au tableau.
Ajouter ou soustraire un nombre inférieur à 10. Écrivez le résultat sur l'ardoise.

4 Barre le nombre qui n'est pas à sa place.

38 46 63 65 69 64 70 97 99

5 Range les nombres du plus petit au plus grand.

81 6 29 63 32 54

....

6 Écris chaque série de nombres du plus petit au plus grand.

67	61	69	64	68	→	....
80	20	70	10	90	→	....
45	13	67	89	55	→	....
76	60	14	41	67	→	....
92	39	8	90	89	→	....

7 Écris chaque série de nombres du plus grand au plus petit.

74	79	72	76	70	→	....
56	76	86	36	96	→	....
3	59	95	41	14	→	....
92	39	8	90	89	→	....

8 **Défi**

J'ai pu écrire dix nombres différents à deux chiffres. Ils ont tous deux couleurs.

5 1 8 3

Peux-tu faire mieux que Fatou ?

....

6 Les compléments à 10

Je sais décomposer le nombre 10

Je découvre

Jeu : le « Tout pour 10 ! »

1 Colorie la ou les cartes que chaque joueur peut poser sous le 4 de carreau pour avoir un total de 10. La couleur de la carte n'a pas d'importance.

J'applique

2 Trouve toutes les additions de deux nombres égales à 10.

.... — 10 — ....

.... — 10 — ....

.... — 10 — ....

3 Complète toutes les additions de trois nombres égales à 10.

0 + ... + 10	... + 1 + 9	0 + ... + 8	0 + 3 + ...	0 + ... + 6	0 + ... + ...
1 + ... + 8	... + 2 + 7	... + 3 + 6	1 + ... + ...		
2 + 2 + ...	2 + ... + 5	2 + ... + ...			
3 + ... + ...					

4 Complète les cartes vides pour obtenir 10.

Compter de 2 en 2 à partir de 12 : 12, 14, 16...
Continuez à tour de rôle jusqu'à 62.

Je m'entraîne

5 Colorie les cartes que Natacha peut poser sur le tapis pour obtenir 10.

6 Colorie les cartes que Boris peut poser sur le tapis pour obtenir 10.

7 Quelles cartes peut-on poser sous le 3 de pique pour avoir un total de 10 ?
Complète les additions pour répondre.

3 + ... = 10
3 + ... = 10
3 + ... = 10
3 + ... = 10

8 Vladimir a deux possibilités pour obtenir 10.
Écris les deux solutions.

4 + ... = 10
4 + ... = 10

9 Complète les deux cartes vides pour obtenir 10.

10 **Défi** Max a un album de photos de 4 pages.
Il peut coller 10 photos par page. Il a collé :
– 7 photos sur la 1re page ;
– 10 photos sur la 2e ;
– 4 photos sur la 3e ;
– 8 photos sur la 4e.
Il veut encore coller 13 photos.
A-t-il assez de place ? Écris tes calculs.

....
....
....
....
....
....

7 Se repérer dans l'espace

Je sais situer les objets les uns par rapport aux autres

Je découvre

Au cirque

1 Complète les phrases en choisissant parmi les mots suivants :

dans droite gauche entre autour
sur sous au-dessus au-dessous à travers

Trois chevaux courent .... de la piste. Un éléphant est assis .... un tabouret.
Un singe saute .... un cerceau. Une dompteuse tient un fouet dans sa main ....
Un acrobate voltige .... de l'éléphant. Le clown au nez rouge jongle en levant
sa main .... et un singe lui passe .... les jambes.
Une balle tombe .... le seau d'eau : le clown bleu est éclaboussé.

J'applique

2 Dessine un oiseau devant le magicien, un seau d'eau derrière le clown au nez rouge et un tabouret dans la main droite du clown bleu.

Jeu de Lucky Luke : annoncer et/ou montrer un nombre avec les doigts.
Complétez pour faire 10.

Je m'entraîne

3 Complète les bulles en utilisant les mots : *derrière, devant, à côté de, en face de.*

Léo est .... moi.	*Kevin est .... moi.*	*Clémence est .... moi.*	*Kevin est .... moi.*

Maud	Léo	Kevin	Clémence

4 Dessine des balles vertes à l'intérieur des cerceaux, des balles rouges sur le tabouret et des balles orange sous le tabouret.

5 Observe le singe et entoure la bonne réponse.

La balle est *à sa gauche.* / *à sa droite.*

Le seau est *à sa gauche.* / *à sa droite.*

Le sac est *à sa gauche.* / *à sa droite.*

6 **Défi** Entoure le personnage qui parle.

Je suis derrière une fille.
Je suis à gauche d'un garçon.
Derrière moi il y a une fille.
Je suis entre une fille et un garçon.
Qui suis-je ?

8 Les nombres jusqu'à 99 (4)

Je sais placer des nombres sur un axe gradué et les comparer

Je découvre

1 Hier, Damien a mesuré la température de l'eau du ruisseau. Aujourd'hui, Océane a fait la même chose. Que remarques-tu ?

....

....

....

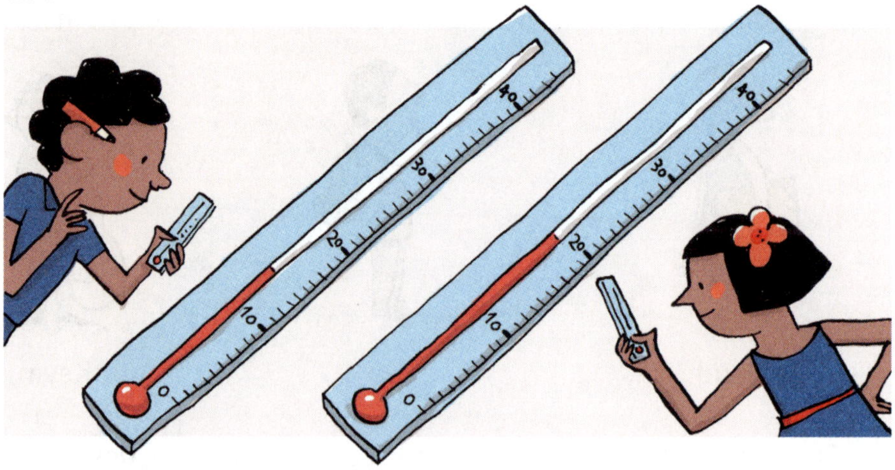

J'applique

2 Colorie les thermomètres pour indiquer la température.

55 degrés

30 degrés

14 degrés

75 degrés

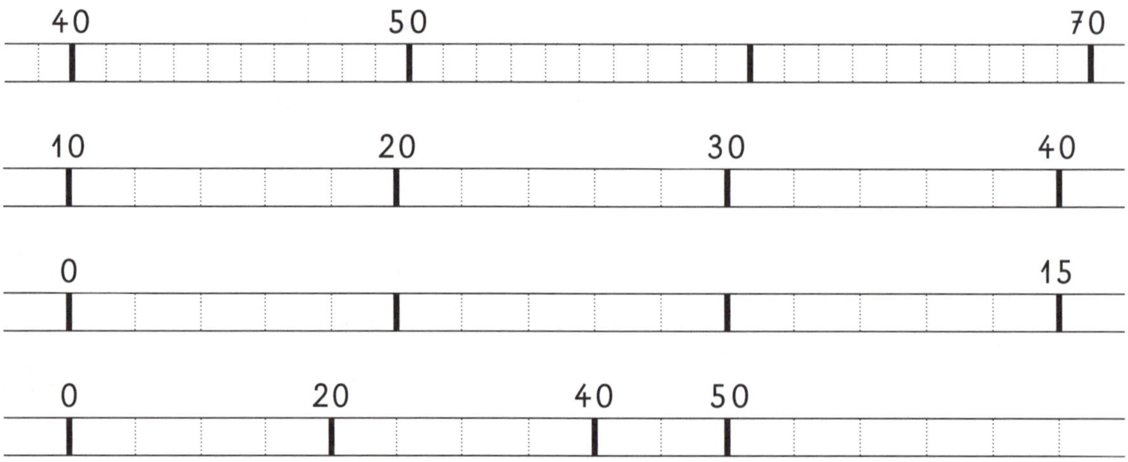

Je m'entraîne

3 Écris les nombres correspondant aux repères rouges.

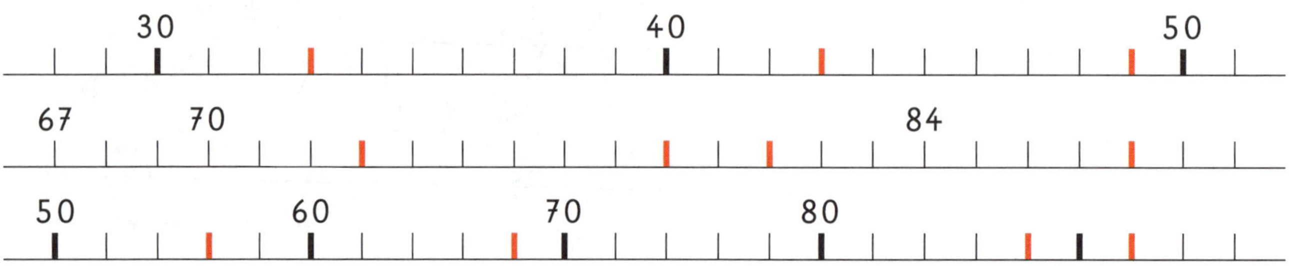

4 Écris les nombres correspondant aux repères verts.

5 Compte chaque collection et écris le nombre correspondant sur la droite numérique.
Relie par une flèche.

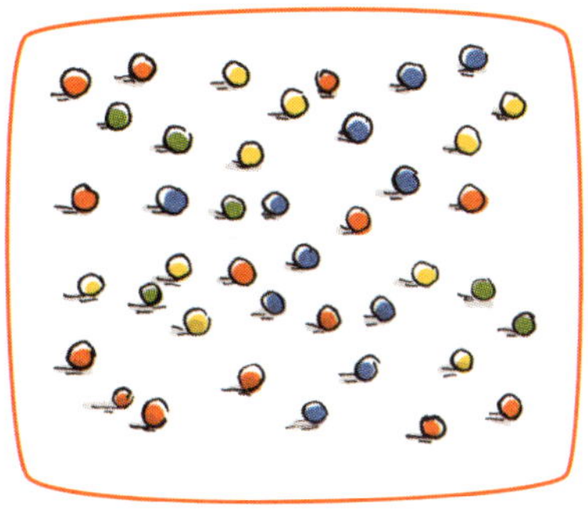

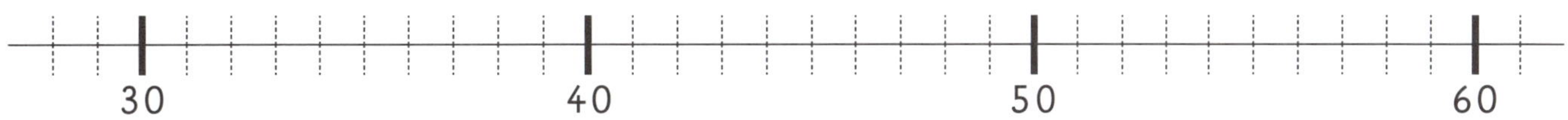

6 Place les nombres sur la droite numérique en les reliant à l'aide d'une flèche.

47 49 59 61 78 82

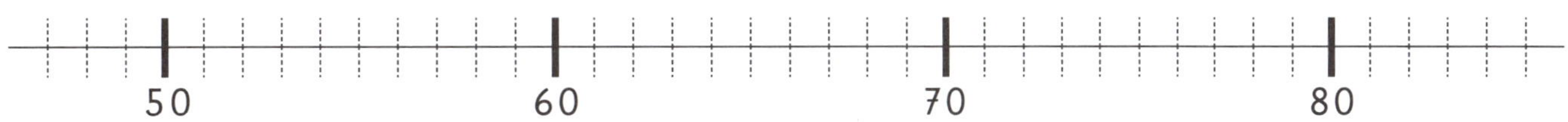

7 Complète par le signe < (est plus petit que) ou > (est plus grand que) pour comparer.

45 ... 87	77 ... 81	34 ... 29	42 ... 29
80 ... 78	96 ... 69	30 ... 80	80 ... 30

8 Complète par un nombre qui convient.

10 < .... < 20	40 < .... < 50	30 < .... < 70	80 < .... < 90
56 < .... < 58	69 < .... < 71	44 < .... < 88	78 < .... < 80

9 **Défi** Lucas a mis des billes dans sa boîte. Le nombre de billes est plus grand que 32.
Il est plus petit que 12 + 26 + 4. La somme des deux chiffres est égale à 10.
Combien de billes Lucas a-t-il dans sa boîte ?

....

....

9 Lire, chercher, comprendre

Je sais chercher et utiliser des informations

La famille Cigalo a décidé de passer la journée au parc aquatique. Thomas sait nager et aime jouer au ballon dans l'eau avec son père. Il adore la piscine à vagues du parc. Sophie, sa sœur, doit louer une bouée pour nager dans le grand bain avec sa mère. Rémi, le copain de Thomas, les accompagne à la piscine. Il a un billet de cinq euros que lui a donné son père. Il pourra payer les trois euros d'entrée.

1 Lis bien le texte et observe le dessin, puis entoure la bonne réponse.

La piscine est fermée à midi.	Vrai	Faux
Il y a une piscine à vagues dans le parc aquatique.	Vrai	Faux
Le parc aquatique propose des leçons de natation.	Vrai	Faux
On peut louer des maillots de bain à la piscine.	Vrai	Faux

2 Combien de personnes attendent devant le parc aquatique ? ....

3 À quelle heure ouvre le parc ? .... À quelle heure ferme-t-il ? ....

Jeu du furet : compter de 2 en 2 dans l'ordre croissant ou décroissant à partir d'un nombre pair ou impair. Continuez à tour de rôle.

4 Combien coûte une entrée pour un enfant ? ....

5 Est-ce que Rémi pourra s'acheter un esquimau ? ....

6 La mère de Thomas achète 2 esquimaux, 1 cornet de glace et 2 boissons.
Combien d'euros paye-t-elle ? ....

7 La famille est arrivée à 9 h 00 au parc aquatique. Elle est repartie à 17 h 00.
Combien de temps a-t-elle passé dans le parc ? Attention ! Regarde bien le dessin.

....

8 Voici la note payée à l'entrée par la famille. Complète-la en utilisant tous les renseignements que tu connais.

Parc aquatique « BIENDANLO »
34 avenue du 11 novembre 1918
69490 MAZERI
Tél : 04 67 42 31 98

2	entrées adulte	....	€
...	entrées enfant	6	€
1	location de bouée	....	€
1	location de ballon	....	€
2	locations de planche	....	€
	Total	....	€

La famille a payé .... €.

9 Complète la note payée par la famille Audou pour sa journée au parc aquatique.

Parc aquatique « BIENDANLO »
34 avenue du 11 novembre 1918
69490 MAZERI
Tél : 04 67 42 31 98

1	entrée adulte	....	€
3	entrées enfant	....	€
1	location de bouée	....	€
1	leçon de natation d'1/2 heure	....	€
2	esquimaux	....	€
1	glace cornet	....	€
	Total	....	€

La famille a payé .... €.

10 Michel, le maître nageur, a 20 flotteurs dans sa caisse pour fabriquer des ceintures.
Il veut faire le plus de ceintures possible à 3, 5 ou 6 flotteurs. Il veut utiliser tous les flotteurs.
Combien de ceintures Michel peut-il faire ?

....

....

....

10 Groupements et dénombrements

Je sais décomposer en dizaines et unités

Je découvre

1 a. Combien de pierres précieuses comptes-tu ?

Il y a .... pierres.

b. Comment as-tu fait pour compter facilement sans te tromper ?

....

....

c. Max a fait des paquets de sept pierres. Qu'en penses-tu ?

....

J'applique

2 Le bijoutier a rangé ses pierres dans des boîtes.
Combien de pierres a-t-il au total ?

Il possède .... pierres.

Je m'entraîne

3 Le bijoutier a 83 diamants à ranger dans des boîtes de 10.
Combien de boîtes lui faut-il ?

....

Combien de diamants ne sont pas rangés ?

....

Dessine les boîtes et les diamants non rangés.

4 Combien de perles aura le collier de Jenny si elle utilise le contenu de ses deux boîtes ?

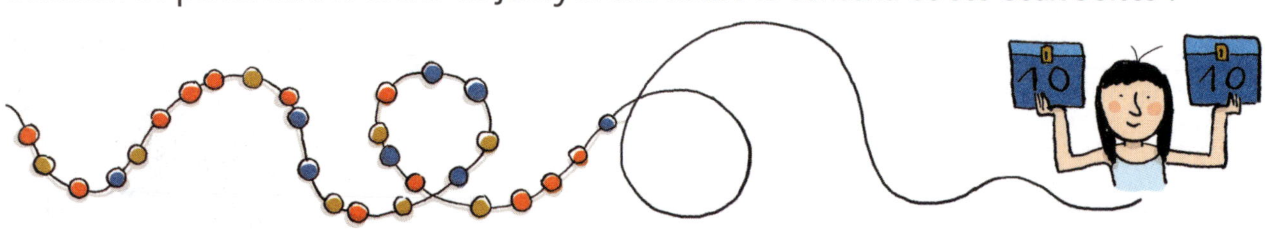

..... + ... + ... = ...   Le collier aura ..... perles.

5 Complète.

65 = ... dizaines et .... unités
14 = ... dizaine et .... unités
77 = ... dizaines et .... unités
39 = ... dizaines et .... unités
80 = ... dizaines et .... unité
42 = ... unités et .... dizaines

6 Écris le nombre correspondant.

9 dizaines et 3 unités = ...
1 dizaine et 6 unités = ...
0 dizaine et 5 unités = ...
5 dizaines et 1 unité = ...
8 unités et 3 dizaines = ...
6 dizaines et 6 unités = ...

7 Écris les nombres dictés. *Ex : 6 dizaines et 2 unités*

8 Michel a 58 pièces de 1 euro.
Il fait des paquets de 10 pièces
et les échange contre des billets.

Combien a-t-il de billets de 10 € ?

....

Combien lui reste-t-il de pièces ?

....

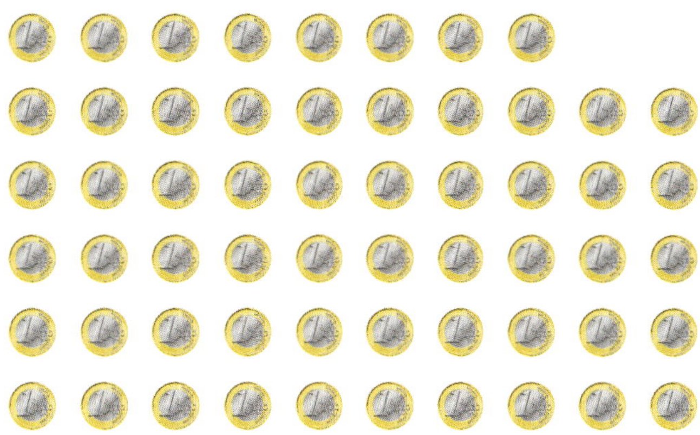

9

Combien de timbres Fatou, Lucas et Max ont-ils en tout ?

....

10 **Défi** Cinq jardiniers ont apporté treize roses chacun. Chloé veut faire des bouquets de dix fleurs. Combien de bouquets pourra-t-elle faire ?

....

....

Combien de roses manque-t-il pour faire un bouquet de plus ?

....

11 Longueurs et distances (1)

Je sais comparer des longueurs

Je découvre

Dans l'océan Indien

Les points que tu vois sur la carte représentent des îles dans l'océan Indien.

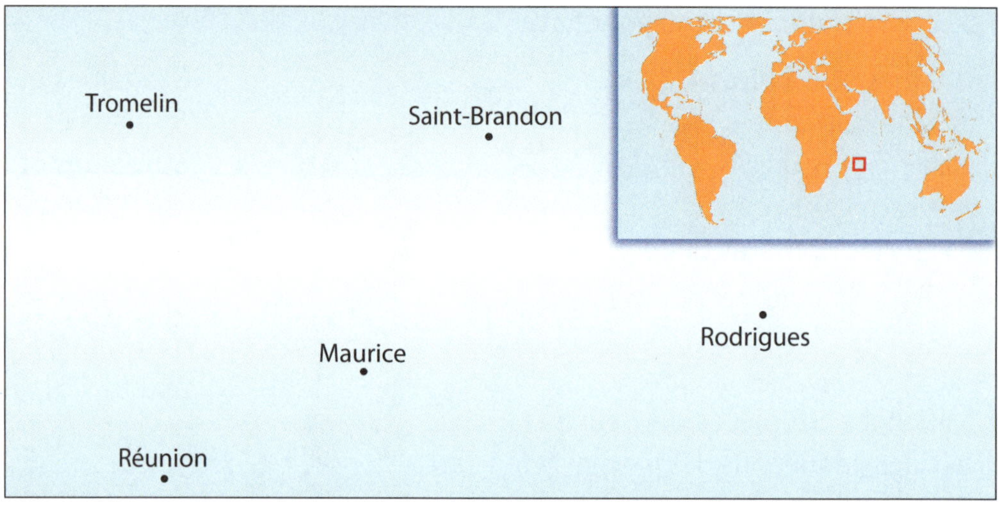

1 Quelle est l'île la plus proche de Maurice ? ....

2 Quelle est l'île la plus éloignée de Maurice ? ....

3 Quelle est l'île la plus éloignée de La Réunion ? ....

J'applique

4 Max, Lucas, Chloé et Fatou ont tiré à la courte paille. Entoure le prénom de celui qui a la courte paille.

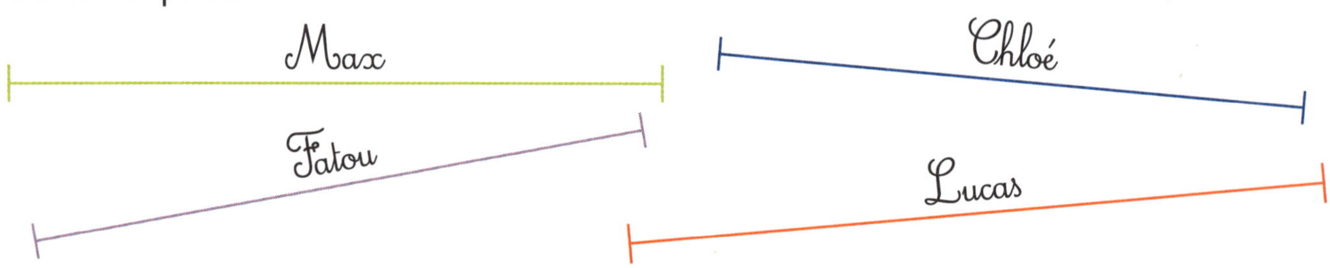

Je m'entraîne

5 On a supprimé les couleurs du drapeau mauricien.
Retrouve les différentes parties du drapeau sur la page suivante puis colorie-le.

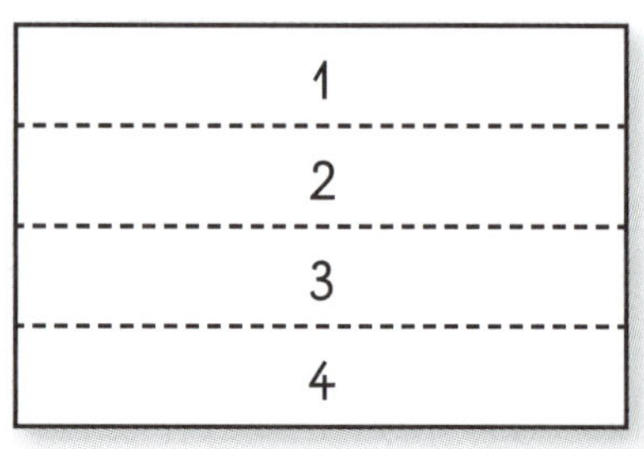

Énoncer des problèmes additifs et soustractifs du type : Dans une boîte, il y a deux jetons. J'en ajoute trois, puis j'en enlève un. Combien de jetons y a-t-il dans la boîte ?

6 Max, Chloé et Fatou doivent faire un bracelet avec un des trois rubans proposés par leur maître. Ils mesurent leur poignet à l'aide d'une ficelle.

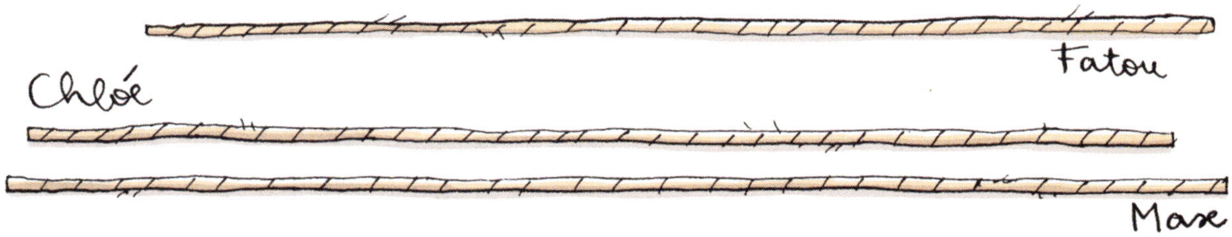

Quel ruban doivent-ils utiliser pour leur bracelet ?

Fatou doit choisir le ruban ...., Chloé le ruban .... et Max le ruban ....

7 **Défi** Voici deux parcours pour le cross de l'école. Quel est le parcours le plus long ? Repasse-le en noir.

12 Calculer en ligne (1)

Je sais ajouter et soustraire des dizaines

1 Soan et Marie regroupent leurs deux collections de fèves.

Combien de fèves ont-ils en tout ? .... + ... = ...

Boris ajoute sa collection. Combien de fèves ont-ils en tout ?

.... + ... = ...

2 Calcule.

39 + 10 = ...	73 + 10 = ...	10 + 44 = ...
18 + 10 = ...	10 + 18 = ...	81 + 10 = ...

3 Calcule.

30 + 10 = ...	80 + 10 = ...	10 + 60 = ...
10 + 10 + 10 = ...	10 + 40 + 10 = ...	10 + 0= .....

4 Calcule et dessine les billets et les pièces.

Graziella a 37 €.

+

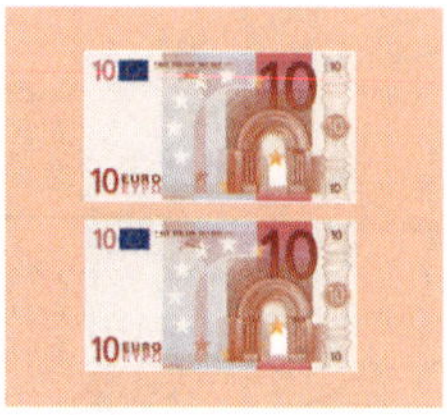

Elle reçoit 20 € pour son anniversaire.

=

Elle possède maintenant ..... €.

Le compte est bon : écrire 20 au tableau. Puis écrire les nombres 2, 9, 6, 7.
Utilisez le signe + et le signe – pour faire 20 avec ces nombres.

5 Complète.

+  = 

Patrick a ..... €. Il reçoit ..... €. Il a maintenant 43 €.

6 Écris le résultat des additions dictées. *Ex. : 43 + 10*

7 Stefan met la table. Il installe dix fourchettes et dix petites cuillères.

Combien de couverts restera-t-il dans la boîte ?

....

....

8 Calcule.

26 − 10 = ...
17 − 10 = ...
52 − 10 = ...
86 − 10 = ...
98 − 10 = ...
62 − 10 = ...

9 Calcule.

34 − 10 − 10 = ...
98 − 10 − 10 − 10 = ...
34 − 20 = ...
98 − 30 = ...
24 − 10 = ...
88 − 20 = ...

10 Calcule.

54 − 20 = ...
97 − 50 = ...
72 − 30 = ...
66 − 40 = ...
38 − 30 = ...
82 − 20 = ...

11 Combien de cerises Fatou a-t-elle cueillies ? ....

12 Complète.

..... + 30 = 91
85 − ..... = 45
22 + ... = 62
..... − 20 = 54
18 + ... = 78
94 − ..... = 84

13 La calculatrice

J'utilise la calculatrice pour calculer ou vérifier un calcul

Je découvre

Lucas et Fatou ont regroupé leurs deux pages de timbres.

Lucas a 39 timbres.

Fatou a 43 timbres.

1 Sers-toi de ta calculatrice pour connaître le nombre de timbres qu'ils ont en tout.

.... + ... = ...

Ils ont .... timbres en tout.

2 Ils décident de donner cinq timbres à Chloé.

.... – .... = ...

Il leur restera .... timbres.

J'applique

3 Écris chaque touche que tu tapes. Reporte le résultat.

38 + 27 = ...	3	....	....	....	....	....	
9 + 74 + 2 = ...	....	....	....	....	....	....	....
81 – 16 = ...	....	....	....	....	....	....	

Je m'entraîne

4 Complète les touches non écrites. Vérifie avec la calculatrice.

4	3	....	2	9	=	14
4	3	....	2	9	=	72
3	7	+	....	8	=	85
....	....	-	1	3	=	56

5 Vérifie avec la calculatrice les opérations de Sihem. Corrige si besoin.

58 + 37 = 95

61 – 58 = 3

12 + 30 + 8 + 7 + 21 + 6 = 84

43 + 37 – 15 = 68

Jeu de loto : écrire au tableau les exemples suivants : 17 = 12 + 5 ; 17 = 10 + 2 + 5
Trouvez une opération qui a pour résultat 17. Puis 19, 16, 14.

6 Quatre amis ont acheté des jouets. Aide-toi de la calculatrice pour répondre.

26 €

35 €

17 €

43 €

a. Clémentine a acheté une petite voiture et des rollers.

...... + ... = ...

Elle a payé ...... €.

b. Fabienne a acheté trois jouets, Christian seulement deux. Ils ont payé 78 € chacun.

Fabienne a acheté ...., ... *et* ....

...... + ... + ... = 78

Christian a acheté .... *et* ....

...... + ... = 78

c. Loris a acheté une voiture et un autre jouet. Il a payé 43 €.

Il a acheté .... *et* ....

26 + ... = 43

7 Laurent veut obtenir le nombre 63 sur l'écran de sa calculatrice, mais la touche 3 est cassée.
Quelle opération peut-il faire pour obtenir ce nombre ? ....

8 Marie veut obtenir le nombre 81 sur sa calculatrice, mais les touches 8 et 1 sont cassées.
Quelle opération peut-elle faire ? ....

9 Julie veut obtenir le nombre 59 sur sa calculatrice, mais les touches 9 et + sont cassées.
Quelle opération peut-elle faire ? ....

10 Sandra veut obtenir le nombre 33 sur sa calculatrice, mais seules les touches 1, 5, 8 et + fonctionnent. Quelle opération peut-elle faire ? ....

11 Sébastien veut obtenir le nombre 33 sur sa calculatrice mais seules les touches 0, 4, 7 et − fonctionnent. Quelle opération peut-il faire ? ....

12 **Défi** Le 1er élève apporte un crayon et le pose dans la boîte. Le 2e élève apporte deux crayons et les pose dans la boîte. Le 3e en apporte trois…
Il y a treize élèves dans le groupe. Combien de crayons y aura-t-il dans la boîte à la fin ?

....

Je fais le bilan

1 Complète les bandes numériques dans l'ordre croissant.

......	......	67	......	......	......	......	......

......	......	......	......	......	93	......	......

2 Écris les nombres dictés. *Nombres < 100*

3 Écris le nombre en chiffres.

quatre-vingts		quatre-vingt-six	
seize		soixante-cinq	
quarante		quatorze	
cinquante-deux		soixante-douze	
vingt-quatre		quatre-vingt-dix-huit	

4 Fatou a 46 billes. Elle en gagne 7.
Combien en a-t-elle maintenant ?
Opération : ....
Réponse : Elle a .... billes.

5 Max a mangé 7 cerises. Il en avait 23.
Combien lui en reste-t-il ?
Opération : ....
Réponse : Il lui reste .... cerises.

6 Lucas a tiré cinq flèches. Prolonge les flèches qui arriveront dans le centre rouge.

7 Chloé veut accrocher un 3e tableau. Où peut-elle planter le clou pour qu'il soit bien aligné avec les deux autres ?

8 Écris les résultats du tirage du loto dans l'ordre croissant.

90 49 38 73 52

..... < ..... < ..... < ..... < .....

9 Écris le nombre dans l'étiquette ou attache l'étiquette au bon endroit.

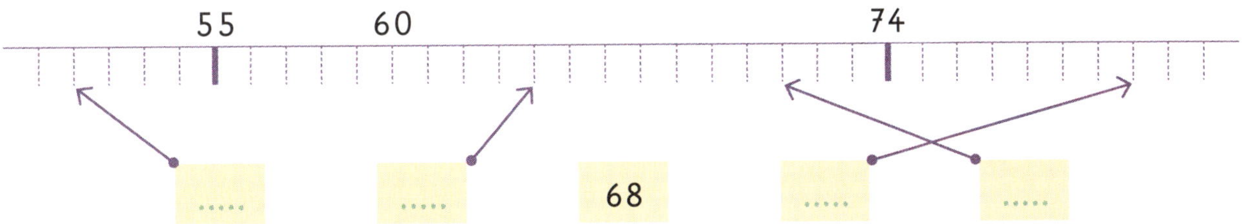

10 Complète par le signe < (est plus petit que) ou > (est plus grand que).

39 ◯ 68 40 ◯ 37 84 ◯ 48 50 ◯ 49 62 ◯ 72

11 Complète.

65 = ... dizaines et ..... unités

30 = ... dizaines et ..... unité

7 dizaines et 1 unité = ...

55 = ... dizaines et ..... unités

98 = ... unités et ..... dizaines

3 unités et 8 dizaines = ...

12 Colorie en rouge les jetons ayant un 8 au chiffre des unités.
Colorie en bleu le jeton ayant un 7 au chiffre des dizaines.

74 80 68 7 8 37

13 Trouve le résultat avec ta calculatrice.

32 + 45 − 18 + 7 = ...

14 Vérifie les opérations avec ta calculatrice et corrige-les si elles sont fausses.

39 + 27 = 64

72 − 35 = 37

87 − 28 = 59

15 Qui a le plus long bracelet ? (Aide-toi d'une bande de papier.) ....

Des raccourcis pour aller plus vite !

Pour se rendre d'un endroit à un autre, il y a souvent plusieurs chemins. Le chemin le plus court s'appelle un raccourci.

1 Le village de Fatou

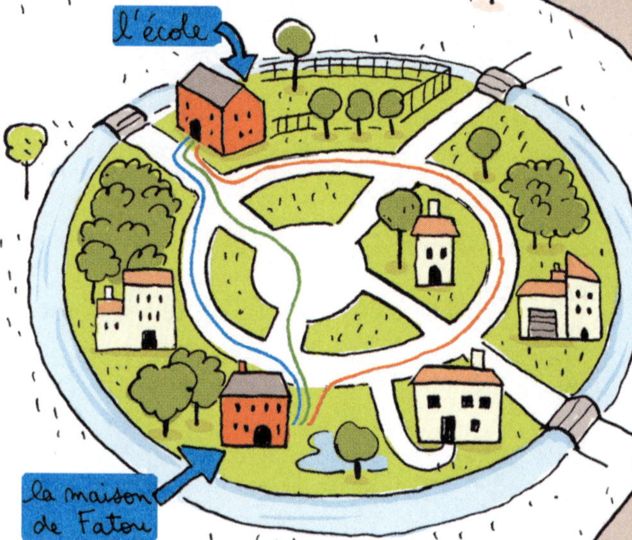

Pour aller à l'école, Fatou et ses deux frères prennent trois chemins différents :
- Fatou prend le chemin bleu (67 mètres) ;
- son petit frère prend le chemin vert (49 mètres) ;
- son grand frère prend le chemin rouge (76 mètres).

Qui choisit le meilleur raccourci ? ....

Pourquoi ? ....

....

2 D'une traboule à l'autre

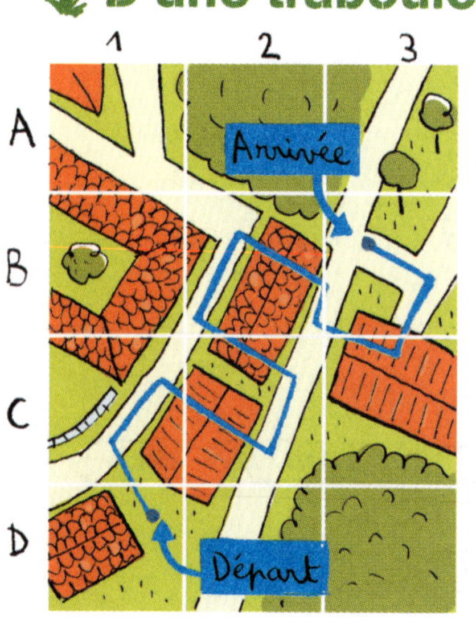

À Lyon, les traboules sont de très anciens passages qui datent du temps des Gaulois. Ces passages étroits traversent les immeubles et permettent de relier une rue à une autre.

Écris le nom des cases du plan que traverse le promeneur.

....

3 D'une rue à l'autre

Pour aller de la rue de l'hôpital à la rue de la poste, deux passages sont dessinés en pointillés sur ce plan.

Trace ces deux chemins avec ta règle et ton crayon à papier. Quel est le chemin le plus court ?

....

Pour vérifier ta réponse, calcule en cm la longueur de ces deux chemins.

① ....

② ....

Repasse sur le chemin le plus court avec ton stylo.

4 Suivez le guide !

Pour aller de Montauban à Agen, le guide Roulebien indique à Camille différents chemins possibles.

Trajets	Distance à parcourir	Temps
n° 1	87 km	60 min
n° 2	71 km	90 min
n° 3	74 km	82 min

Quel est le trajet le plus court ? ....

Pourquoi ? ....

....

Quel est le trajet le plus rapide ? ....

Pourquoi ? ....

....

Camille dit que le trajet n° 2, qui ne passe pas par l'autoroute, est le plus court donc le plus rapide. Thierry lui dit que c'est faux. Qui a raison ? Pourquoi ?

....

....

14 Les unités de temps (1)

J'utilise le calendrier pour comparer des durées

1 Détache les calendriers A et B de la planche 6.
À l'aide du calendrier A, trouve si le calendrier B est de l'année 2009 ou 2010. Écris l'année sur le calendrier et explique ta réponse.

....

....

2 Quelles différences observes-tu entre les deux calendriers ?

....

....

3 Entoure le premier jour de chaque saison dans les deux calendriers en respectant les informations du tableau.

Saison	**hiver**	**printemps**	**été**	**automne**
Date de début	21 décembre	20 mars	21 juin	23 septembre
Couleur à utiliser	bleu	vert	jaune	marron

4 Quelle est la date de ton anniversaire ? ....
Entoure en rouge le jour de ton anniversaire dans les deux calendriers.

5 Colorie en orange, dans les deux calendriers, la semaine commençant par le lundi 2 novembre 2009. Quel est le dernier jour de cette semaine ? ....

6 Eymeric va chez le dentiste le mercredi 9 septembre 2009.
Il a un autre rendez-vous une semaine plus tard.
Quelle est la date de ce rendez-vous ?

....

7 En 2009, les enfants habitant à Grenoble ont eu leurs vacances d'hiver du 1er samedi du mois de février au 4e dimanche de ce même mois.
Écris les dates de début et de fin des vacances d'hiver pour ces enfants.
Premier jour : .... Dernier jour : ....
Combien de jours ont duré ces vacances ? ....

8 Manon est allée au ski durant une semaine au mois de décembre 2009. Léo y est allé du 22 décembre 2009 au 30 décembre 2009.
Qui est resté au ski le plus longtemps ? Explique ta réponse.

....

....

9 Au mois de juin 2009, il y a eu de la pluie du 12 juin au 17 juin.
Au mois de juin 2010, la pluie est tombée du 4 au 10.
En quelle année le mois de juin a-t-il été le moins pluvieux ?
Explique ta réponse.

....

10 En 2009, Charline, Mao et Amed ont remporté une coupe lors d'un triathlon par équipe. Ils décident de garder la coupe un mois chacun. Charline la garde en février, Mao en mars et Amed en avril.
Gardent-ils tous la coupe pendant la même durée ?
Explique ta réponse.

....

....

11 Pour faire un puzzle de 500 pièces, Carmen a eu besoin de tous les dimanches du mois de novembre 2009. Rose a commencé le même puzzle le 11 janvier 2010 et l'a terminé le 16 janvier 2010.
Qui a mis le moins de temps pour faire ce puzzle ?
Explique ta réponse.

....

....

12 M. Toutaneuf a commencé des travaux dans sa maison le 7 septembre 2009. Il a terminé le 9 octobre 2009. Il pensait finir en 5 semaines.
A-t-il bien calculé la durée des travaux ? Explique ta réponse.

....

....

13 Alan et Andrew traversent la Corse de Calenzana à Zonza à pied. Alan marche du 7 août 2009 au 21 août 2009. Andrew commence trois jours après Alan et marche pendant 13 jours.

Qui arrive le premier à Zonza ? ....

Qui marche le moins longtemps ? ....

....

....

15 Les nombres jusqu'à 199

Je lis et j'écris des nombres en chiffres et en mots

Je découvre

1 Complète la première ligne et la première colonne du tableau des nombres.

2 Complète les cases bleues.

3 Complète la case orange et la case jaune.
Que remarques-tu ?

....

....

100	101	102	103	104					
110								118	
120									
140					145				
						166			
180									

J'applique

4 a. Place les nombres dans les bonnes cases : 189 133 199 191 116 172

b. Place dans le tableau : cent vingt-six ; cent soixante-seize ; cent cinquante et un.

c. Écris le nombre qui vient juste après 199 : ....

Je m'entraîne

5 Complète les suites de 1 en 1 dans l'ordre croissant.

94	…	…	…	…	…	…	…	…	…	…	…	…	…	…
…	…	…	…	…	165	…	…	…	…	…	…	…	…	…
…	…	…	…	…	…	…	…	…	…	192	…	…	…	…

6 Colorie cinq nombres. Dicte-les à ton voisin.

162	195	113	178	190	130	167	159	103	176

Écris les cinq nombres que ton voisin te dicte : ....

Jeu du furet : compter de 10 en 10 dans l'ordre croissant à partir de 3 : 3, 13, 23...
Continuez à tour de rôle sans dépasser 90.

7 Écris les nombres dictés. *Nombres < 199*

8 L'encre du stylo a coulé. Colorie les nombres cachés sous la tache.

128	134	135	106	173	138	163	170	106	196	169	160

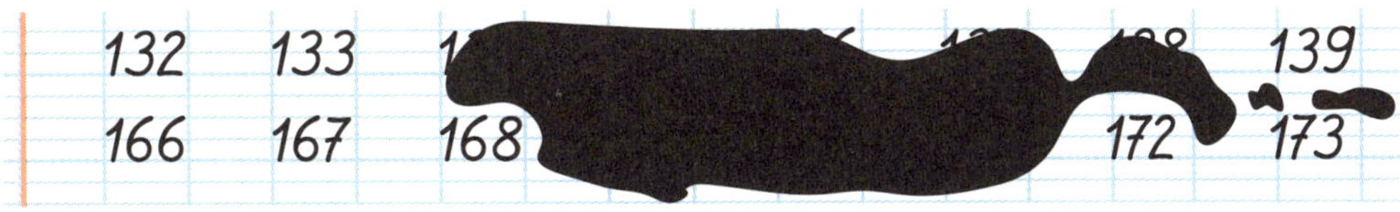

9 Écris les nombres en chiffres.

cent quarante-neuf		cent douze		cent trente-six	
cent soixante-dix-sept		cent vingt-quatre		cent	
cent quatre-vingts		cent dix-huit		cent soixante-treize	

10 Écris les nombres en mots.

104 .... 140 ....

177 .... 121 ....

11 Écris quatre nombres à trois chiffres avec cent trente soixante dix huit

....

....

12 **Défi** Relie les nombres de 1 en 1 en partant de 140 et tu découvriras ce que Marine a gagné.

Elle a gagné un ....

16 Utiliser les euros

Je découvre la relation entre les euros et les centimes

Je découvre

Euros collection

1 Lucas veut échanger les pièces de sa tirelire contre des pièces de 1 euro. Combien de pièces de 1 euro peut-il avoir ? Entoure les pièces pour faire des paquets de 1 euro.

Il peut avoir .... nouvelles pièces de 1 euro.

J'applique

2 Quelle somme manque-t-il à Lucas pour avoir une autre pièce de 1 euro ?

....

....

3 Max possède 2 pièces : 

Barre le plus de pièces possible pour compléter la somme de Max jusqu'à 1 euro.

Je m'entraîne

4 a. Combien de pièces faut-il dans chaque cas pour avoir 1 € ?

Pièces					
Nombre de pièces	....	....	....	....	....

b. Quelle est la solution la moins pratique pour payer 1 € ? Explique ta réponse.

....

....

Énoncer des problèmes de transformation avec changement de dizaine, par exemple :
Anita a 8 euros et reçoit 25 euros de sa grand-mère. Combien a-t-elle ?
Pierre a 23 nougats et en mange 5. Combien en reste-t-il ?

5 Relie les images au bon prix.

16 € 0 € 16 1 € 60 160 €

Pierre a 160 centimes en pièces jaunes. Il dépense tout son argent. Entoure la somme qu'il a réglée.

16 € 0 € 16 1 € 60 160 €

6 Barre les pièces qui permettent d'acheter chaque objet.
Fais bien l'appoint.

« Faire l'appoint », c'est payer exactement le prix.

 2 €	 1 € 36	 1 € 13

7 Delphine fait les courses pour un pique-nique. Elle achète une baguette de pain à 80 centimes, une tomate à 40 centimes, un morceau de fromage à 60 centimes et une bouteille d'eau à 30 centimes. Quelle somme dépense-t-elle ? Écris l'opération.

....

....

8 **Défi** Océane achète six poissons de trois sortes :
– des poissons bleus à 20 centimes ;
– des poissons noirs à 50 centimes ;
– des poissons rouges à 70 centimes.
Elle paye 2 € 60. Combien de poissons de chaque couleur a-t-elle pris ?

....

....

17 J'apprends à tracer (1)

J'utilise ma règle pour relier des points

1 Reproduis le dessin du bateau. Utilise ta règle et ton crayon.

a. Observe bien le modèle.

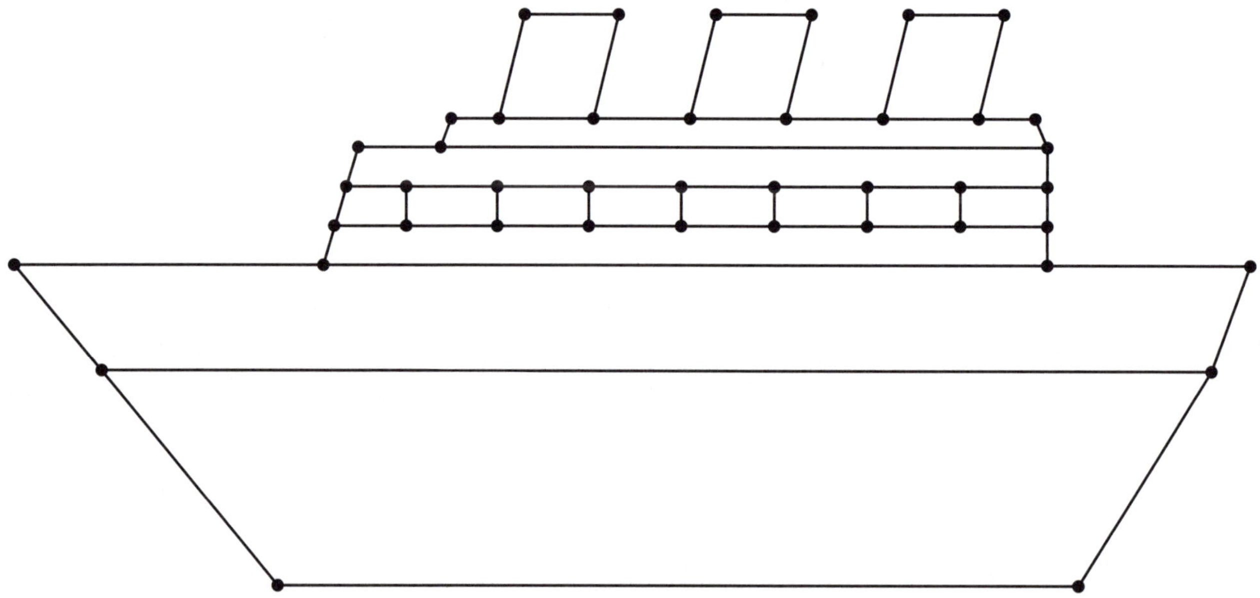

b. Complète le dessin à la règle en reliant les points.

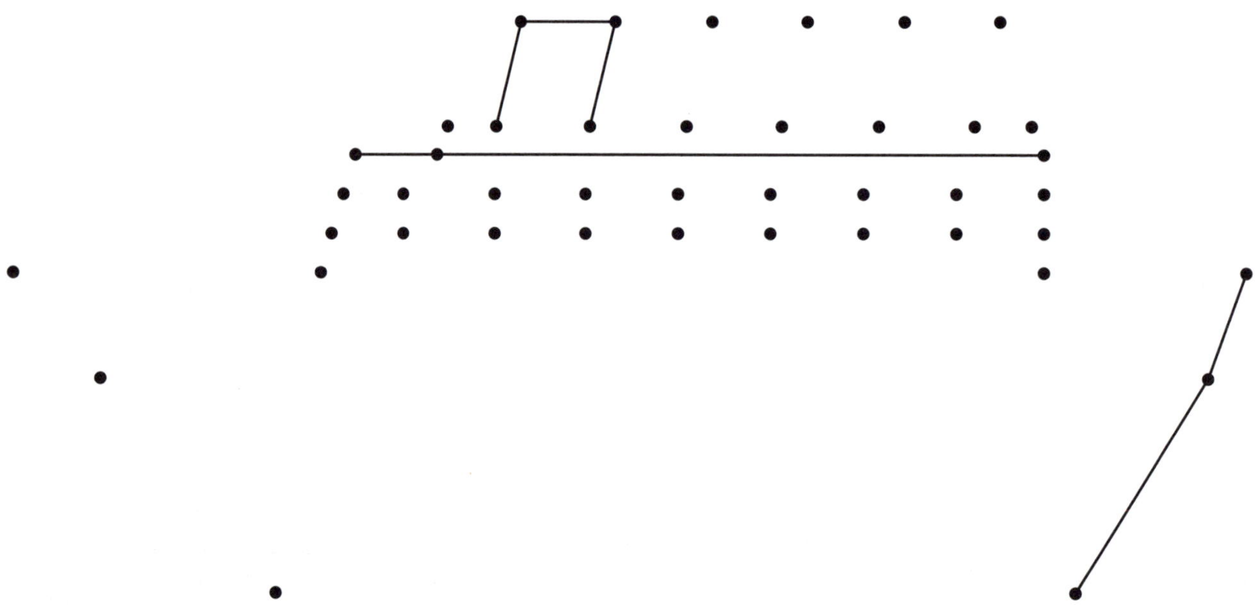

Commences-tu par les petits traits ou par les grands ?

....

2 Pour reproduire la locomotive :
- observe bien le modèle ;
- dessine les points sur le modèle ;
- relie les points pour tracer la locomotive.

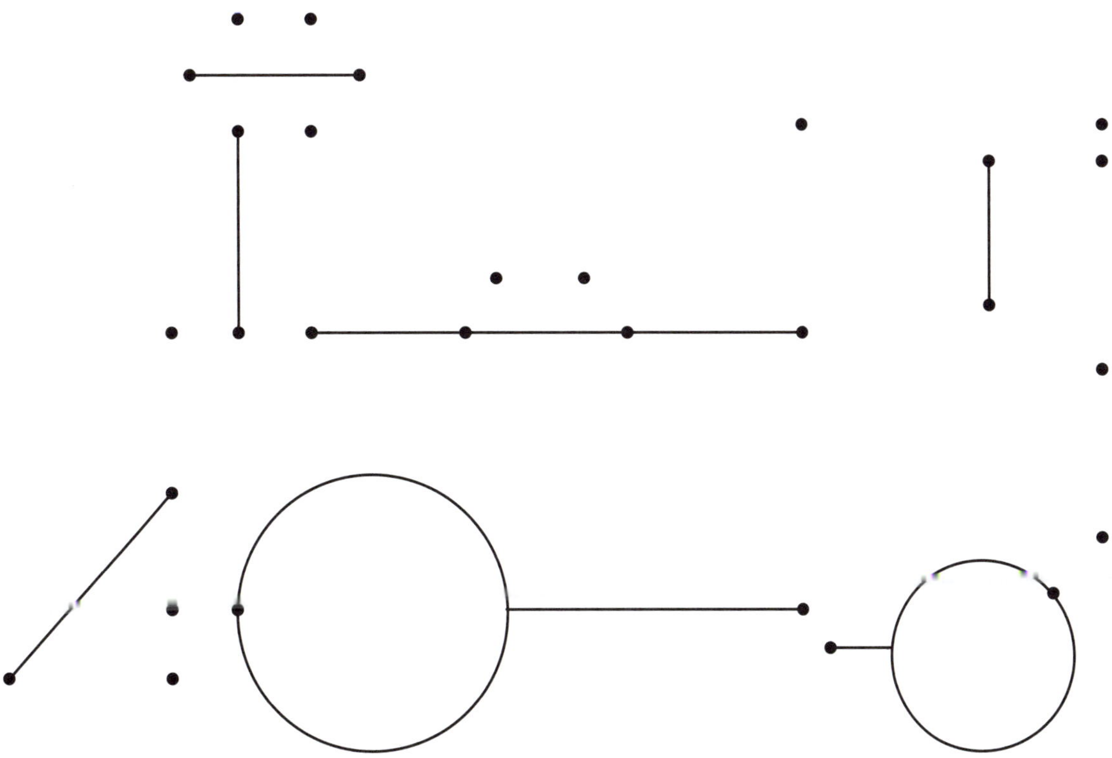

18 Calculer en ligne (2)

J'effectue des sommes de 3 ou 4 nombres

Je découvre

Pour calculer dans sa tête 17 + 6 + 3, chacun a sa technique.

« Facile », dit Jojo l'escargot.
Je calcule dans l'ordre.

17 + 6 = 23
23 + 3 = 26

« Facile », dit Neneuil l'écureuil.
Je rassemble les nombres qui forment des dizaines entières.

17 + 6 + 3
17 + 3 + 6
20 + 6 = 26

« Facile », dit Fanfan le serpent.
Je sépare les dizaines et les unités avant de compter…
Je rassemble les nombres qui font 10.

17 + 6 + 3
10 + 7 + 3 + 6
10 + 10 + 6 = 26

1 Choisis la meilleure technique pour calculer.

22 + 3 + 18	4 + 13 + 3	7 + 4 + 13
……………………	……………………	……………………
……………………	……………………	……………………

J'applique

2 Calcule comme Neneuil.

21 + 2 + 9 + 5	14 + 3 + 4 + 6	5 + 12 + 1 + 8
……. + ……. + ……. + …….	……. + ……. + ……. + …….	……. + ……. + ……. + …….
……. + ……. + ……. = …….	……. + ……. + ……. = …….	……. + ……. + ……. = …….

3 Calcule comme Fanfan.

23 + 2 + 7 + 5	6 + 1 + 14 + 7
……. + ……. + ……. + ……. + …….	……. + ……. + ……. + ……. + …….
……. + ……. + ……. + ……. = …….	……. + ……. + ……. + ……. = …….

Écrire au tableau un nombre inférieur à 200.
Ajouter ou soustraire un nombre inférieur à 10. Écrivez le résultat sur l'ardoise.

Je m'entraîne

4 Calcule.

9 + 36 + 1 = ...
45 + 7 + 3 = ...
32 + 6 + 8 = ...
8 + 5 + 2 + 14 = ...
14 + 6 + 3 + 1 = ...
2 + 5 + 33 + 7 = ...

5 Calcule.

..... + ... + ... = ...

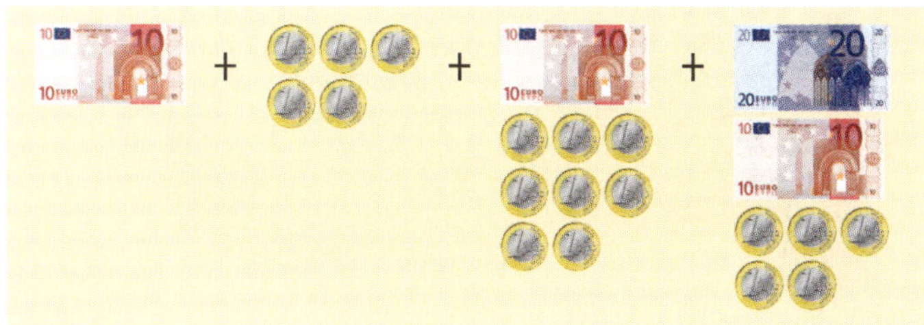

..... + ... + ... + ... = ...

6 Trouve le nombre qui manque pour que l'opération soit juste.

8 + 4 + 6 + ... = 19
5 + 2 + 15 + ... = 25
3 + 7 + 10 + ... = 30
8 + 4 + 6 + ... = 29
5 + 2 + 15 + ... = 42
3 + 7 + 10 + ... = 50

7 Additionne l'âge de tous les enfants et tu trouveras l'âge de leur père.

..... + ... + ... + ... = ...

Le père des enfants a ..... ans.

8 Calcule.

20 + 43 + 7 = ...
59 + 10 + 1 = ...
34 + 6 + 20 = ...
98 + 2 + 9 = ...
123 + 7 + 5 = ...
7 + 4 + 146 = ...

9 **Défi** Fatou et Lucas comptent dans leur tête.

1 + 2 + 3 + 4 + 5 + 6 + 7 + 8 + 9 = ...

10 + 11 + 12 + 13 = ...

Qui obtient le plus grand nombre ? ....

19 Les nombres jusqu'à 999 (1)

Je sais lire et écrire les nombres en chiffres et en mots

Je découvre

1 Louise et Simon choisissent trois chiffres chacun. Ils les placent pour obtenir le plus grand nombre possible.

Quel est le nombre de Louise ?

| .... | .... | .... |

Quel est le nombre de Simon ?

| .... | .... | .... |

Pour lire un nombre à trois chiffres, je lis le premier chiffre « trois », je dis « cent », puis je lis le nombre formé par les deux autres chiffres « cinquante-deux ».

2 | 3 | 5 | 2 |

trois — cent — cinquante-deux

Sarah a écrit le nombre 195. Que remarques-tu ? ....

Tom a écrit 500. Que remarques-tu ? ....

J'applique

3 Place avec une flèche le mot « cent » au bon endroit, puis écris le nombre en chiffres.

251 deux ↑ cinquante et un	...... cinq trente-deux	...... soixante-dix-neuf

cent

neuf huit	deux seize	quarante ......

4 Lis les nombres.

549 190 600 905 950 865 875

Noter au tableau une addition dont un regroupement de termes donne des dizaines entières : 12 + 9 + 8... Écrivez le résultat sur l'ardoise.

Je m'entraîne

5 Complète les suites de 1 en 1 dans l'ordre croissant.

496	......	......	......	......	......	......	......	......	......	......	......	......	......	......
......	......	......	......	......	......	805	......	......	......	809	......	......	......	......

6 Colorie cinq nombres dans la liste. Dicte-les à ton voisin.

573 659 460 974 564 906 647 397 456 604

Écris les cinq nombres qu'il te dicte : ....

7 Colorie en jaune les nombres où le chiffre 3 se dit « trois ».

137 173 317 371 703 713 730 731

8 Colorie en violet les nombres où le chiffre 1 se dit « un ».

137 173 317 371 701 713 730 731

9 Écris les nombres en chiffres.

deux cent trente-neuf		six cent vingt-six		cent quatre	
cinq cent soixante-dix-sept		cent vingt-quatre		six cent seize	
neuf cent trente et un		quatre cents		cent quarante	

10 Écris les nombres avec les mots suivants : cent quarante six cinq soixante

645 : .... 540 : ....

165 : .... 506 : ....

11 **Défi** Trouve des nombres à trois chiffres que tu peux aussi écrire en mots dans les cases jaunes. Attention, il y a un seul mot par case. À toi de jouer...

.... → ....

.... → ....

.... → ....

.... → .... - ....

20 Poser une addition en colonnes

Je sais poser une addition à retenue(s)

Je découvre

Lorsque l'addition en ligne est trop difficile, je pose l'addition. Pour calculer 392 + 84 + 161…

1 Je pose l'addition.

	c	d	u
	3	9	2
+		8	4
+	1	6	1

J'aligne bien les chiffres dans chaque colonne.

2 Je calcule les unités en premier.

	c	d	u
	3	9	2
+		8	4
+	1	6	1
			7

2 + 4 + 1 = 7
J'écris 7 dans la colonne des unités.

3 Je calcule ensuite les dizaines.

	c	d	u
	3	9	2
+		8	4
+	1	6	1
	2	3	7

9 + 8 + 6 = 23
J'écris 3 dans la colonne des dizaines.
Je retiens 2.

4 Je calcule enfin les centaines.

	c	d	u
	2		
	3	9	2
+		8	4
+	1	6	1
	6	3	7

2 + 3 + 1 = 6
Je n'oublie pas les 2 centaines que j'ai retenues. J'écris 6 dans la colonne des centaines.

J'applique

1 Calcule les additions posées.

	c	d	u
+		8	5
+	6	1	3

	c	d	u
	5	2	3
+		4	1
+	1	0	5

	c	d	u
	2	8	5
+	1	5	3
+		4	0

	c	d	u
+	4	8	5
+	3	5	9

Je m'entraîne

2 Pose les additions et calcule.

318 + 531

	c	d	u
+			

118 + 276

	c	d	u
+			

405 + 160 + 26

	c	d	u
+			

235 + 49 + 103

	c	d	u
+			

3 Pose les additions et calcule.

76 + 564 | 489 + 219 | 192 + 45 + 310 | 146 + 266 + 196

4 Pose les additions et calcule.

200 + 50 + 6 | 800 + 30 + 9 | …… + …… + …… = 472

```
   0 0
+    0
+
```

5 Corrige le cahier de Junior (puis vérifie le résultat avec la calculatrice).

```
   5 8        3 0 8        1 1
+ 4 1 6    + 1 3 7           8 5
  4 7 4    + 1 4 8      + 7 3
             5 8 5      + 1 1 9
                          9 3 4
```

6 Marie a 453 timbres français, 169 timbres italiens et 91 timbres espagnols.
Combien de timbres a-t-elle ?

Marie a .... timbres.

7 **Défi** Le maître a caché des chiffres dans l'addition écrite au tableau. Retrouve les bons chiffres pour que l'opération soit juste.

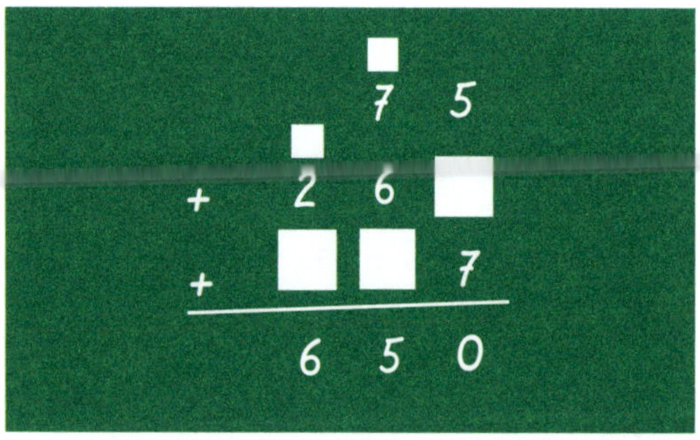

21 Comparer des nombres

Je sais utiliser les signes < et >

Je découvre

1 Pour acheter des livres scolaires pour une école du Congo, les élèves ont vendu des frites et des boissons. Voici l'argent gagné.

a. Combien d'euros a rapporté le stand « Boissons » ? .... €

b. Combien d'euros a rapporté le stand « Frites » ? .... €

c. Quel stand a rapporté le plus d'argent ? .... ◯ ....

C'est le stand .... qui a rapporté le plus d'argent.

d. Combien d'argent ont-ils gagné au total ?

.... + ... = ...

e. Ils ont besoin de 950 euros pour offrir les livres. Ont-ils gagné assez ?

.... ◯ ....

....

Aide-toi du mémento p. 147 et complète avec le signe < ou >.

J'applique

2 Complète par le signe < (est plus petit que) ou > (est plus grand que).

45 ◯ 62 80 ◯ 56 90 ◯ 79

99 ◯ 34 23 ◯ 32 106 ◯ 89

3 Complète par le signe < (est plus petit que) ou > (est plus grand que).

536 ◯ 421 734 ◯ 232 613 ◯ 499

387 ◯ 367 591 ◯ 536 821 ◯ 829

Comparaison : annoncer deux nombres à trois chiffres.
Écrivez le plus grand nombre sur l'ardoise.

Je m'entraîne

4 Complète avec un nombre qui convient.

543 < .... 342 > .... < 567 .... > 954

128 > .... < 400 .... > 899 .... > 939

5 Complète par le signe < (est plus petit que) ou > (est plus grand que).

134 ⬤ 100 + 50 + 5 539 ⬤ 500 + 20 900 + 10 ⬤ 799

275 ⬤ 200 + 50 + 7 386 ⬤ 300 + 80 400 + 70 + 6 ⬤ 600

6 Écris « juste » ou « faux » pour corriger l'exercice de Charly.

418 < 612 318 > 212 967 < 796 436 > 28 + 400

7 Marie a planté 391 tulipes dans son jardin.
Tom a planté 140 tulipes rouges, 85 tulipes jaunes, 70 tulipes violettes et 90 tulipes roses.
Qui a planté le plus de tulipes ?

391 est plus .... que ....

391 ⬤ ....

C'est .... qui a planté le plus de tulipes.

8 Range les nombres au bon endroit : 563 145 789 601 208 540

.... < .... < .... < .... < .... < ....

9 Range les nombres au bon endroit : 431 690 733 233 98 440

.... > .... > .... > .... > .... > ....

10 Défi Ce tableau indique le nombre de kilomètres (km) à parcourir pour aller de Paris à six grandes villes françaises.

	Bayonne	Bordeaux	Calais	Grenoble	Marseille	Nice
Paris	771 km	583 km	289 km	570 km	775 km	931 km

Range les villes de la plus proche à la plus éloignée de Paris. Écris leur nom dans l'ordre.

Paris ; .... ; .... ; .... ; .... ;
.... ; ....

22 Longueurs et distances (2)

J'utilise des outils pour mesurer des longueurs

Je découvre

À chacun son mètre !

1 Pour mesurer des segments sur ton fichier, tu peux utiliser ton double décimètre. Le maçon, lui, doit mesurer des longueurs plus grandes. Il utilise un mètre pliable qui mesure un mètre s'il est totalement déplié.

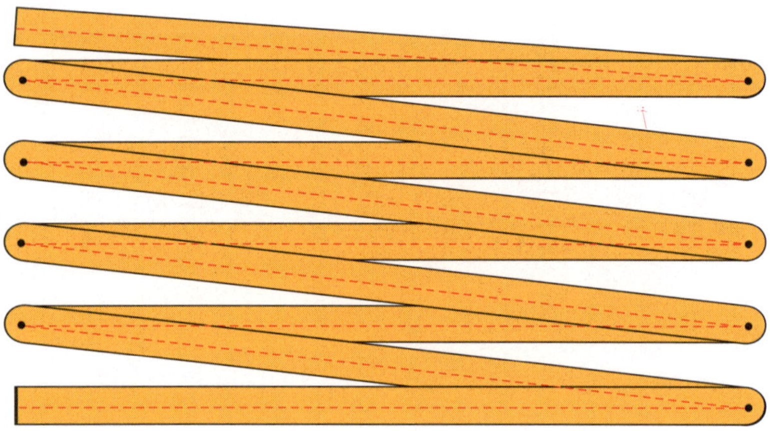

En mesurant la ligne brisée rouge avec ton double décimètre, trouve combien de centimètres fait 1 mètre.

1 mètre c'est .... centimètres. On peut aussi écrire 1 m = ... cm.

J'applique

2 En mesurant un tissu, le couturier voit que son mètre dépasse de 20 cm. Quelle est la longueur du tissu ?

....

3 Les graduations de ce mètre sont effacées à partir de 92 cm. Dessine celles qui manquent jusqu'à 1 mètre et indique les nombres correspondants.

Jeu du furet rythmé : dire les 3 premiers nombres puis compter de 10 en 10 dans sa tête, au rythme des frappements : 71, 81, 91, ..., ..., ..., ... Écrivez sur l'ardoise le dernier nombre obtenu.

Je m'entraîne

4 Prolonge la ligne brisée jusqu'à 1 mètre. Attention, ne sors pas du cadre.

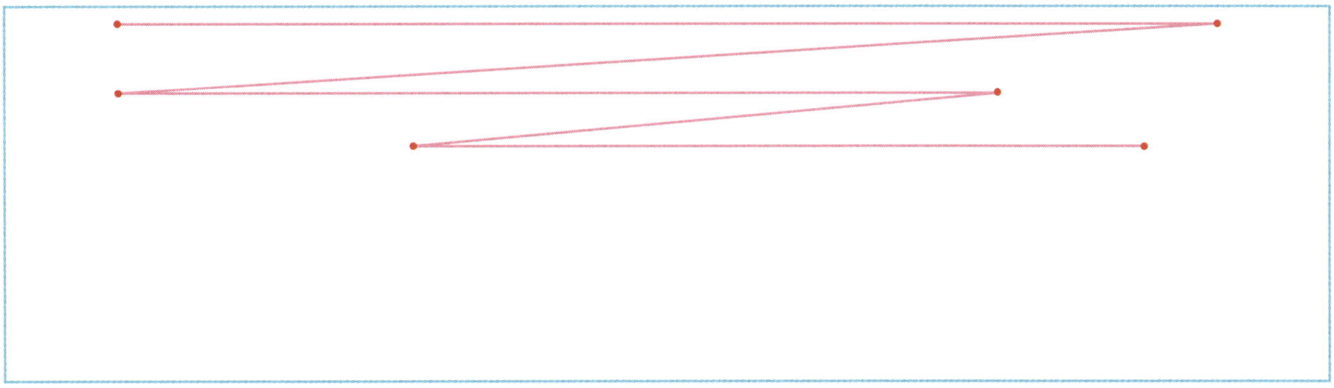

5 Écris les dimensions en centimètres.

0 m 30 cm = ... 1 m = ... 1 m 15 cm = ... 2 m = ... 5 m 50 cm = ...

6 Compare les distances en utilisant < ou > ou = .

80 cm ⬤ 1 m 05 cm 8 m 40 cm ⬤ 840 cm 208 cm ⬤ 2 m

6 m 50 cm ⬤ 6 m 05 cm 470 cm ⬤ 4 m 07 cm 60 cm ⬤ 0 m 60 cm

7 Un menuisier coupe une planche de 1 m 80 cm dans un morceau de bois de 2 m.
Combien mesure le morceau qui reste ?

....

....

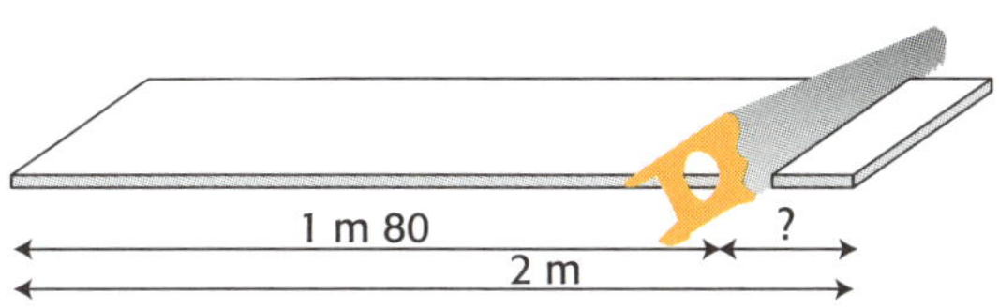

8 **Défi** Un pêcheur a deux bambous dans son jardin :
– un bambou de Chine qui mesure 110 cm ;
– un bambou du Japon qui mesure 3 m 70 cm.
Le bambou de Chine grandit de 1 m par mois. Le bambou du Japon grandit de 30 cm par mois.
Le pêcheur veut utiliser un bambou pour faire une canne à pêche de 5 m.
Quel bambou mesurera 5 mètres en premier ?

....

....

23 Raisonner en mathématiques (1)

J'organise les informations d'un énoncé

Je découvre

Les totems

1 Lucas a choisi un totem. Lis les informations qu'il te donne, puis complète son totem.

Dans mon totem, il y a une figure rose. Le losange est au-dessus du rectangle. Le carré est en dessous du losange. Le rectangle est en dessous du carré.

J'applique

2 Complète le totem de chaque enfant.

Dans mon totem, le carré est au-dessus du rectangle. Le rectangle est au-dessus du losange.

Dans mon totem, le losange est entre le carré et le rectangle. Le rectangle est sous le carré.

Mon totem est à gauche de celui de Fatou. Le rectangle n'est pas entre le losange et le carré.

3 Écris un message pour faire découvrir ce totem parmi les autres.

....

....

....

....

....

....

....

....

....

Les compléments à 100 : écrire un nombre au tableau (ex. : 80, 99, 1, 49…).
Écrivez le complément à 100 sur l'ardoise.

Je m'entraîne

4 Entoure le poisson décrit.

Il nage derrière le vert et devant le rouge.
Il n'est pas bleu.

5 Lis les informations et colorie les poissons dans la bonne couleur.

Le poisson rouge nage au-dessus du bleu.
Le poisson vert nage entre le rouge et le noir.

6 Lis les informations et colorie les poissons dans la bonne couleur.

Le poisson bleu nage derrière le jaune.
Le plus petit poisson est violet.
Le poisson vert est juste au-dessus du plus petit.
Le poisson rouge nage vers la droite.

7 Arthur, Martin, William et Johan sont les quatre premiers d'un concours de pêche. Les participants sont classés en fonction de la masse du poisson qu'ils ont pêché. Lis les informations, puis écris le classement des enfants dans le tableau.

William a pêché un poisson plus gros que celui de Johan.
Martin est placé après Johan.
Martin n'est pas le dernier.

Place	1er	2^e	3^e	4^e
Participants	....	....	....	....

8 **Défi** Alice, Wissem, Chen, Samuel et Maria ont participé à un concours de photographies.

- *Wissem a eu entre 600 et 700 points.*
- *Alice a eu moins de 700 points. Elle est mieux classée que Wissem.*
- *Chen a eu moins de 600 points.*
- *Samuel a eu entre 400 et 500 points. Il est mieux classé que Chen.*
- *Maria a eu 400 points. Elle est mieux classée que Chen.*

Relie le nom des participants à la droite graduée en fonction du nombre de points obtenu.

Alice | Wissem | Samuel | Chen | Maria

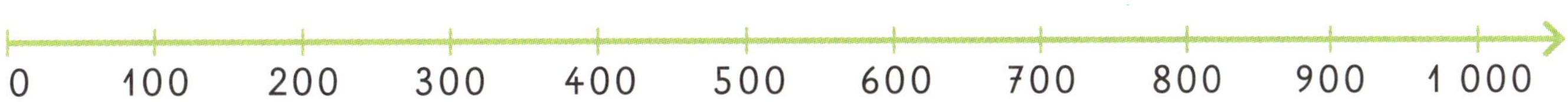

24 Représenter l'espace

J'apprends à me repérer en fonction d'un point de vue

Je découvre

Faites des crêpes !

Observe cette image.

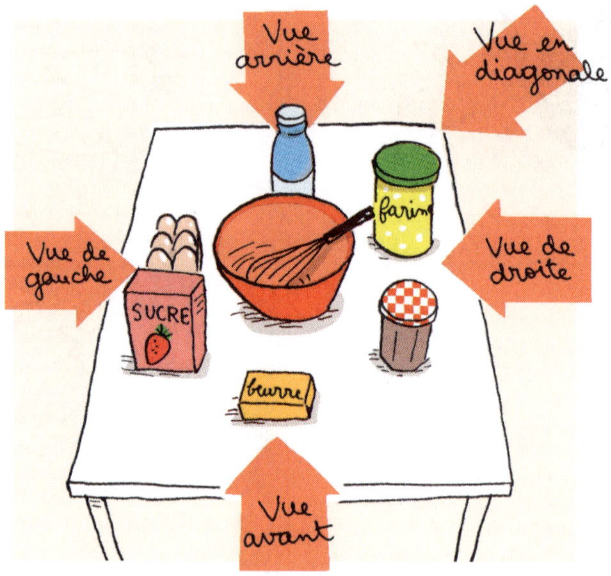

1 Écris sous chaque image le nom de la vue correspondante.

....	....	....	....	....
....	....	....	....	....

J'applique

2 Complète les phrases en choisissant parmi les mots suivants :

à gauche *à droite* *derrière* *devant*

Sur la vue de gauche, le lait est .... du saladier.

Sur la vue en diagonale, le pot de farine se trouve .... le saladier.

Sur la vue de droite, les œufs sont .... le saladier.

Sur la vue avant, le beurre est .... le saladier et .... de la confiture.

Sur la vue arrière, le lait est .... du paquet de sucre et .... du pot de farine.

Écrire au tableau un nombre inférieur à 1 000. Ajouter ou soustraire un nombre multiple de 10 (*ex.* : 548 – 20, 635 + 30). Écrivez le résultat sur l'ardoise.

3 Quelle est la bonne vue de dessus ? Entoure-la.

Je m'entraîne

4 Trois enfants observent une coupe de fruits. Ils ont chacun un point de vue différent.

Quel est le point de vue de chaque enfant ?

Point de vue de ....

Point de vue de ....

Point de vue de ....

5 **Défi** Quelle vue de dessus correspond à la coupe de fruits ? Entoure-la.

25 Calculer en ligne (3)

J'utilise des techniques pour soustraire plus facilement deux nombres

1 Calcule.

35 − 20 = ...   46 − 10 = ...   53 − 30 = ...

98 − 40 = ...   61 − 20 = ...   179 − 50 = ...

237 − 30 = ...   500 − 10 = ...   800 − 30 = ...

2 Calcule.

23 − 13 = ...   87 − 27 = ...   196 − 46 = ...   124 − 34 = ...

3 Lis l'explication de Max, puis applique sa méthode :

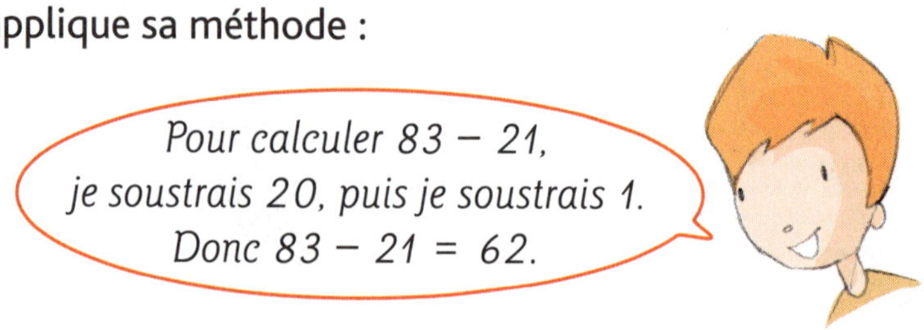

78 − 32	Je soustrais 30, puis je soustrais	Donc 78 − 32 = ...
78 − 45	Je soustrais 40, puis je soustrais	Donc 78 − 45 = ...
95 − 54	Je soustrais ...., puis je soustrais 4.	Donc 95 − 54 = ...
86 − 63	Je soustrais ...., puis je soustrais	Donc 86 − 63 = ...
57 − 26	Je soustrais ...., puis je soustrais	Donc 57 − 26 = ...

4 Calcule.

24 − 3 = ...   25 − 4 = ...   26 − 5 = ...   28 − 7 = ...

Observe les résultats. Que remarques-tu ? ....

5 Patrick a 17 ans. Sa sœur a 10 ans.

Quel est l'écart d'âge entre Patrick et sa sœur ? ....

Quel sera l'écart 3 ans plus tard ? ....

6 Complète les soustractions pour qu'elles soient toutes égales à la première.

41 − 19 = 22   .... − 20 = 22   62 − .... = 22   40 − .... = 22

7 Relie les opérations qui sont égales.

31 − 29 • → • 32 − 30 / • 30 − 29

20 − 18 • → • 21 − 20 / • 22 − 20

50 − 49 • → • 52 − 50 / • 51 − 50

39 − 37 • → • 42 − 40 / • 43 − 40

8 Lis l'explication de Fatou et applique sa méthode.

Il est plus facile de soustraire 20 que 19.
Pour calculer 83 − 19, j'ajoute 1 à 83, puis j'enlève 20.
83 − 19, c'est comme 84 − 20.
Donc 83 − 19 = 64.

46 − 19, c'est comme .... donc 46 − 19 = ...

61 − 39, c'est comme .... donc 61 − 39 = ...

78 − 49, c'est comme .... donc 78 − 49 = ...

92 − 29, c'est comme .... donc 92 − 29 = ...

9 Soan a 83 billes. Il en perd 29 pendant la récréation. Combien de billes lui reste-t-il ?

....

....

10 La grenouille saute de proche en proche sur les nénuphars égaux à 32. Colorie le chemin qui la conduit à la fleur.

Je fais le bilan

1 Complète les suites en ordre croissant.

...	...	496	...	...	...	...	...

...	...	...	...	...	703	...	...

2 Écris les nombres dictés. *Nombres à trois chiffres*

....

3 Écris le nombre en chiffres.

quatre cent vingt et un ....

neuf cent seize ....

cent vingt-quatre ....

deux cent quatre-vingt-treize ....

trois cents ....

six cent soixante-cinq ....

cinq cent quarante ....

cent trois ....

4 Écris les nombres en mots.

496 : ....

960 : ....

5 Écris la durée de chaque séjour.

Sophie est partie en voyage au Japon pendant trois semaines au mois de mai. → Elle est partie ...... jours.

Pierre a visité la Thaïlande du 29 mai au 15 juin. → Il est parti ...... jours.

Mai 2009

L	M	M	J	V	S	D
				1	2	3
4	5	6	7	8	9	10
11	12	13	14	15	16	17
18	19	20	21	22	23	24
25	26	27	28	29	30	31

Juin 2009

L	M	M	J	V	S	D
1	2	3	4	5	6	7
8	9	10	11	12	13	14
15	16	17	18	19	20	21
22	23	24	25	26	27	28
29	30					

Qui est resté le plus longtemps à l'étranger ? ....

6 Lisa achète du pain et des croissants à la boulangerie. Elle paye 6 euros et 38 centimes.

Barre les pièces que donne Lisa à la boulangère pour payer exactement la somme demandée.

7 Calcule les additions sans les poser.

$9 + 2 + 8 =$ .....

$6 + 3 + 2 + 4 + 7 =$ .....

$7 + 8 + 3 =$ .....

$12 + 8 + 23 =$ .....

$25 + 6 + 5 =$ .....

$36 + 3 + 14 =$ .....

8 Calcule les additions et pose la dernière.

	1	3	9
+		4	7

	3	5	2
+	1	5	8

	1	9	2
+		8	1
+	1	7	4

45 + 208 + 31

+			
+			

9 Complète avec le signe < ou >, puis entoure le nombre le plus grand.

168 ⬤ 92 — 69 ⬤ 96 — 702 ⬤ 687 — 557 ⬤ 537

490 ⬤ 940 — 865 ⬤ 856 — 200 + 80 ⬤ 208 — 200 + 80 ⬤ 820

10 Avec ta règle, prolonge la ligne rouge jusqu'à 15 cm.

11 Complète les égalités.

1 m 16 cm = ... cm — 5 m = ... cm — ...... m ...... cm = 340 cm

12 Calcule les soustractions.

67 − 20 = ...	91 − 50 = ...	62 − 40 = ...	235 − 30 = ...
96 − 31 = ...	59 − 12 = ...	84 − 44 = ...	458 − 15 = ...
72 − 19 = ...	94 − 39 = ...	61 − 28 = ...	256 − 19 = ...

13 Écris le nom des enfants à l'étage où ils habitent.

- *Paul habite au dernier étage.*
- *Sabir habite au-dessus de Marie mais il n'est pas au 2e étage.*
- *William n'habite pas en dessous d'une fille.*

....

....

....

....

VOUS AVEZ

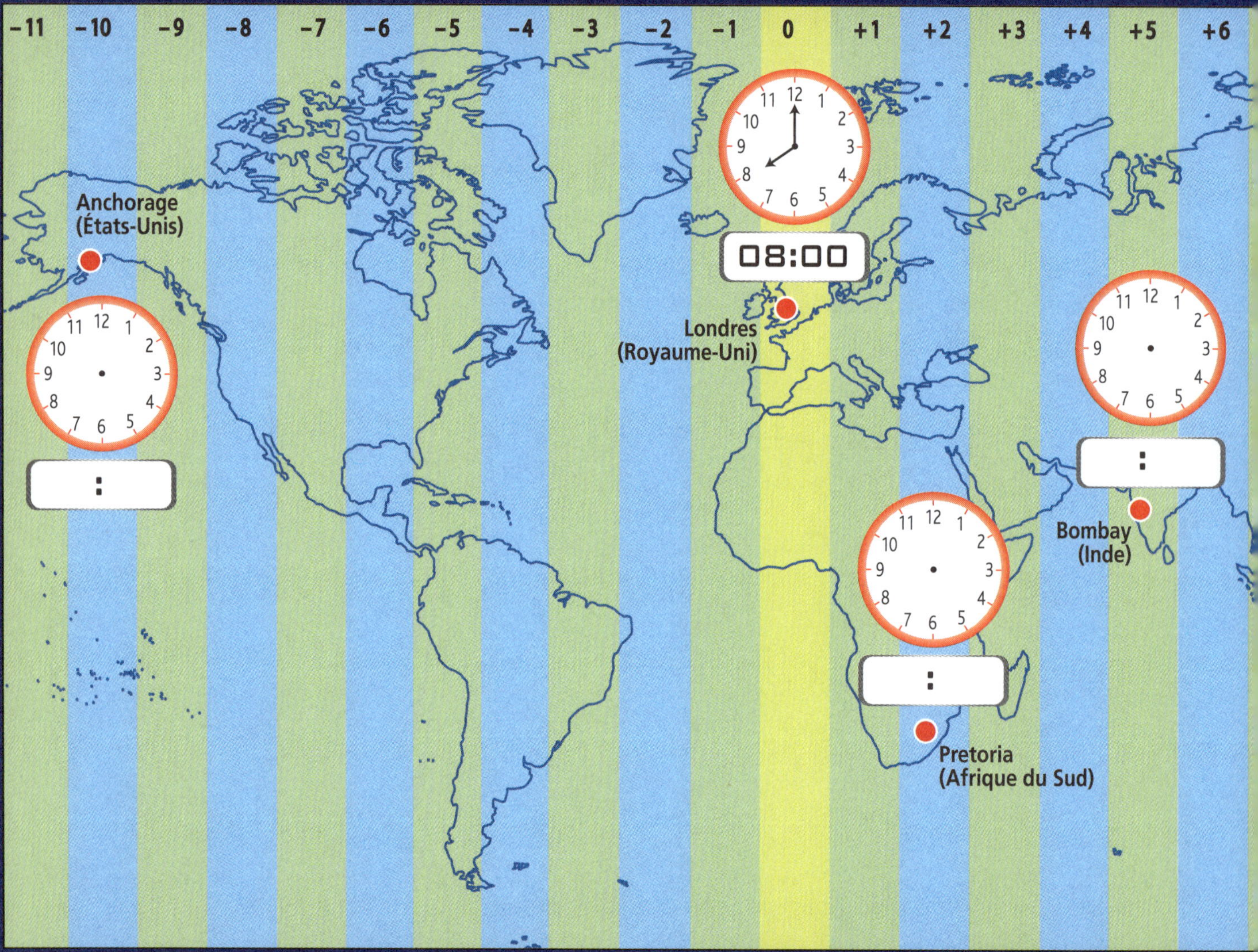

2. Aide ce garçon à lire l'heure dans la vitrine de l'horloger.

- A : Il est .... h du matin ou .... h si c'est le soir.
- B : Il est .... h ....
- C : Il est .... h du matin ou .... h si c'est le soir.
- D : Il est .... si c'est la journée ou .... si c'est la nuit.

L'HEURE ?

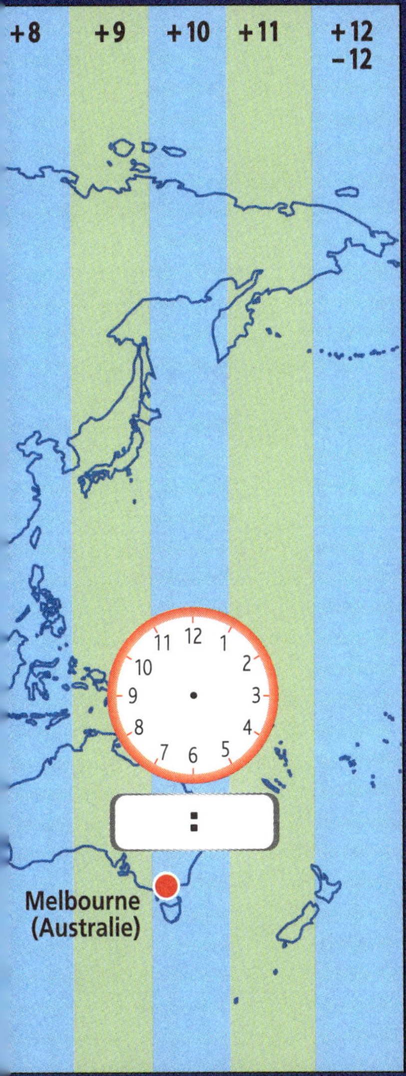

1. Sais-tu que l'heure n'est pas la même selon l'endroit où l'on se trouve sur la planète ?

Sur ce planisphère, l'horloge à aiguilles et l'horloge digitale indiquent qu'il est 8 h 00 du matin à Londres.

- Quelle heure est-il dans les autres villes de la planète ? Complète les horloges.
- À l'aide de ton crayon et de ta règle, relie chaque horloge à la bonne vignette.

3. Léa doit prendre le train pour aller voir sa grand-mère à Paris. Peut-elle avoir son train ou est-il déjà parti ?

Train 3256	
19:45	Départ de BEAUNE
23:00	Arrivée à PARIS

....

....

- Au téléphone, sa grand-mère lui dit :

Que penses-tu de la réponse de la grand-mère ?

....

....

....

26 Les nombres jusqu'à 999 (2)

Je sais encadrer des nombres et les ranger sur un axe gradué

1 Range les nombres dans l'ordre croissant (du plus petit au plus grand).

600 900 100 800 300 500 .... < .... < .... < .... < .... < ....

546 398 259 608 412 925 .... < .... < .... < .... < .... < ....

385 318 391 349 355 309 .... < .... < .... < .... < .... < ....

918 630 951 645 654 981 .... < .... < .... < .... < .... < ....

2 Range les nombres dans l'ordre décroissant (du plus grand au plus petit).

750 650 250 450 150 550 .... > .... > .... > .... > .... > ....

249 761 639 411 910 398 .... > .... > .... > .... > .... > ....

509 578 575 528 566 510 .... > .... > .... > .... > .... > ....

426 735 642 753 357 624 .... > .... > .... > .... > .... > ....

3 Dans quel classeur Valérie a-t-elle rangé la fiche 701 ?

.... < 701 < ....

Valérie a rangé la fiche 701 dans le classeur ....

4 Place les nombres au bon endroit sur la droite graduée.

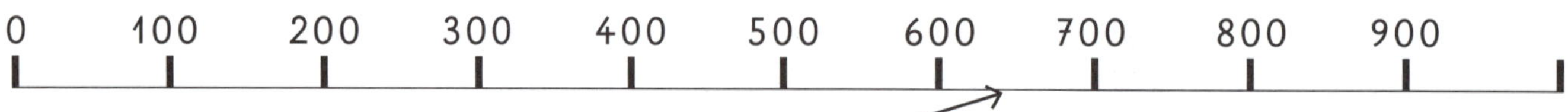

645 384 813 209 78 980 750

5 Encadre les nombres à la centaine. Aide-toi de l'exercice précédent.

Exemple : 600 < 645 < 700

.... < 384 < .... < 209 < ....

.... < 78 < .... < 750 < .... < 813 < ....

.... < 548 < .... < 499 < .... < 401 < ....

Passage de centaines : écrire au tableau 263.
Ajouter ou soustraire 70. Écrivez le résultat sur l'ardoise.

6 Place les nombres au bon endroit sur la droite graduée.

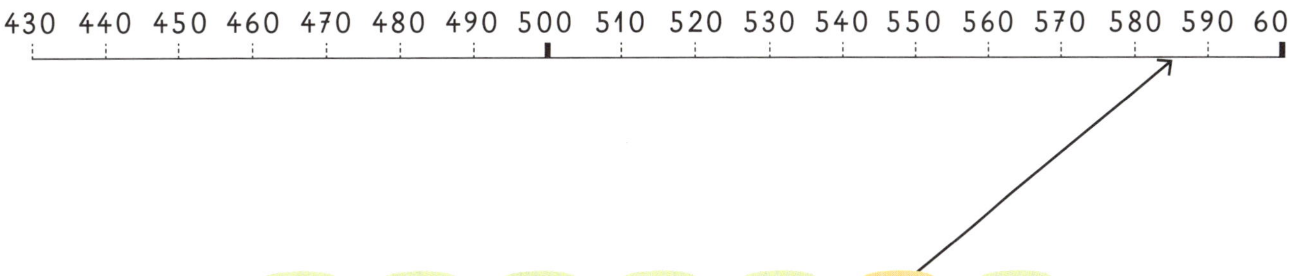

508 453 499 431 542 586 488

7 Encadre les nombres à la dizaine. Aide-toi de l'exercice précédent.

Exemple : 580 < 586 < 590 .... < 508 < .... < 453 < ....

.... < 624 < .... < 431 < .... < 499 < ....

.... < 537 < .... < 591 < .... < 609 < ....

8 Des élèves de CE1 ont fait une course à pied. Voici les distances qu'ils ont parcourues :

Prénoms	Aurélie	Barbara	Charles	Élisa	Mounir	Romain	Zorha
Distances (en mètres)	650	490	910	970	790	615	820

Écris le prénom de chaque élève dans la case du tableau qui correspond.

Distances parcourues (en mètres)				
.... < 500	500 < .... < 599	600 < .... < 699	700 < .... < 799	800 < ....
....	....	....	....	....
....	....	....	....	....
....	....	....	....	....

9 Complète avec un nombre qui convient.

500 < .... < 510 730 < .... < 740 920 < .... < 930

200 > .... > 190 540 > .... > 530 100 > .... > 90

190 < .... < 200 80 < .... < 90 990 > .... > 980

10 Encadre les nombres à la dizaine la plus proche.

Exemple : 180 < 186 < 190 .... < 413 < .... < 777 < ....

.... < 215 < .... < 711 < .... < 301 < ....

.... < 308 < .... < 506 < .... < 56 < ....

27 Des solides

Je sais décrire des solides

Je découvre

1 Classe les images selon leur forme. Écris la lettre de chaque image dans la bonne colonne du tableau.

			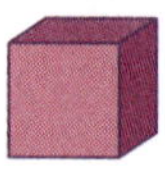	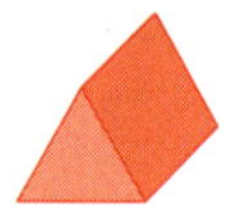	
....	....	....	....	....	....

J'applique

2 Écris les différences que tu observes entre l'objet a et l'objet b.

....

....

3 Une face plane est une face qui est plate. Entoure les objets qui n'ont que des faces planes.

4 Parfois, les solides sont dessinés comme si on voyait à travers.

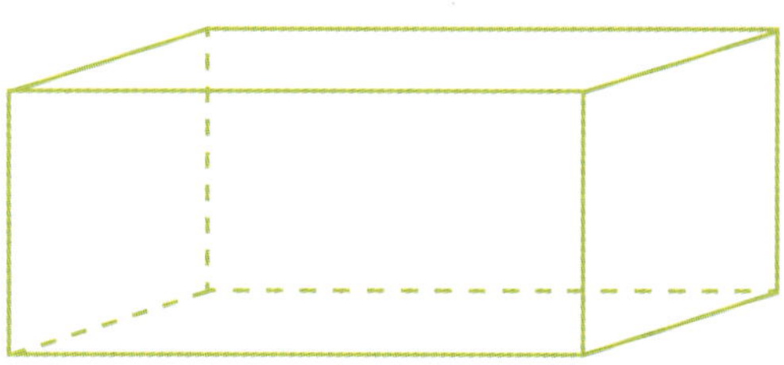

a. Repasse à la règle et au crayon de couleur chaque arête de ce pavé.

b. Compte les arêtes : combien y en a-t-il ?

....

Annoncer un nombre inférieur à 1 000. Ajouter ou soustraire un nombre multiple de 100 (*ex.* : 548 + 200 = ...). Écrivez le résultat sur l'ardoise.

5 Complète la fiche d'identité du pavé :

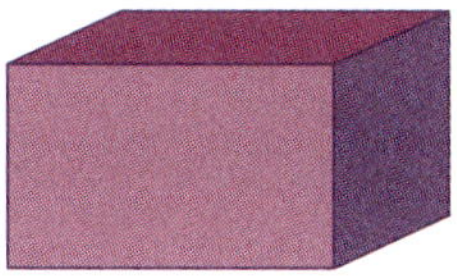

Pavé
Nombre de **faces** : ....
Nombre de **sommets** : ....
Nombre d'**arêtes** : ....

6 J'ai six faces carrées, douze arêtes et huit sommets. Qui suis-je ? ....

Je m'entraîne

7 Relie.

- J'ai 9 arêtes.
- J'ai 6 faces.
- J'ai 8 sommets.
- J'ai une face non plane.
- J'ai 6 sommets.
- J'ai 5 faces.
- J'ai 12 arêtes.

8 Que voit chaque oiseau ? Écris à côté de chaque oiseau la vue correspondante.

Combien d'arêtes ce solide a-t-il ? ....

9 **Défi** Anaé, Lilou et Olivia ont fait des constructions. Lis les informations, puis écris le prénom des enfants en dessous de leur construction.

Anaé a mis le cube sur le pavé mais n'a pas utilisé le prisme rouge.
Lilou a mis le cube sous le prisme et le pavé sous le cube.
Olivia a donc utilisé le prisme ...., le pavé .... et le cube ....

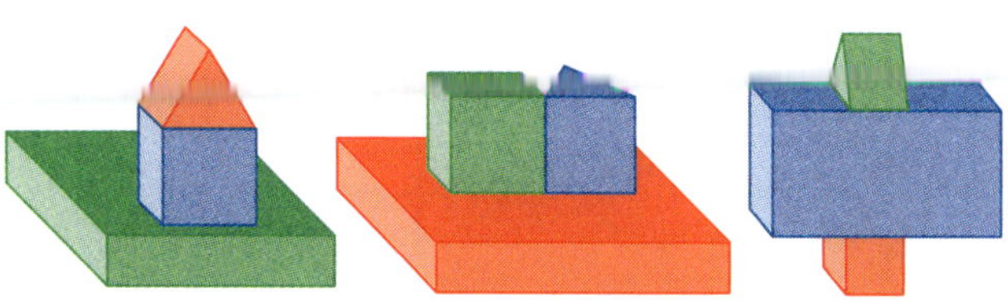

....

28 Les nombres jusqu'à 999 (3)

Je sais décomposer en centaines, dizaines et unités

Je découvre

1 Le métier du père de Max consiste à récupérer toutes les pièces dans les distributeurs.

a. Combien de pièces de 1 euro a-t-il récoltées ? ....

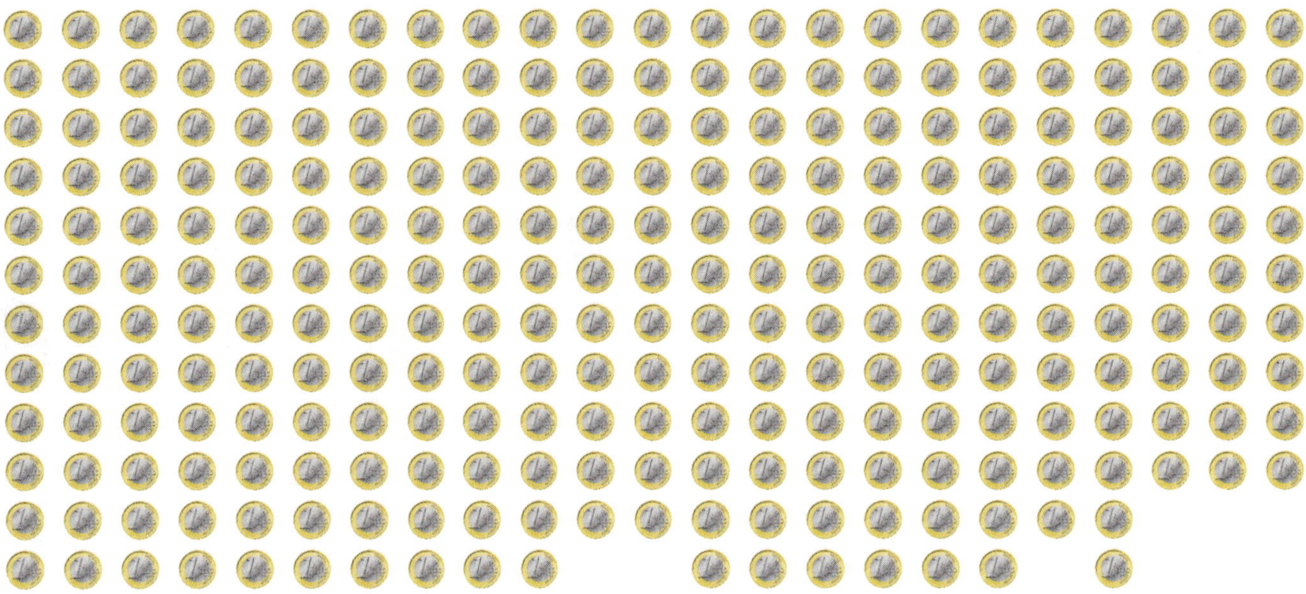

b. Comment as-tu fait pour tout compter sans te tromper ?

....

Le père de Max a fait des rouleaux de dix pièces. 

Combien de rouleaux a-t-il faits ? .... Combien de pièces reste-t-il ? ....

Il y a donc .... dizaines et .... unités.

c. Le père de Max a fait ensuite des paquets de dix rouleaux (100 euros). 

Combien de paquets a-t-il faits ? .... Combien de rouleaux reste-t-il ? ....

Combien de pièces reste-t-il ? ....

Il y a donc .... centaines .... dizaines et .... unités.

Le père de Max a récolté .... pièces de 1 euro.

J'applique

2 Combien de billes possède Samira ?

....

....

Samira possède .... billes.

Devant les élèves, introduire une somme d'argent dans une enveloppe : par exemple, 3 billets de 10 € et 4 pièces de 1 €. Écrivez sur l'ardoise la somme contenue dans l'enveloppe.

Je m'entraîne

3 Complète les égalités.

384 = ... centaines ...... dizaines ...... unités

608 = ... centaines ...... dizaine ...... unités

757 = ... centaines ...... dizaines ...... unités

139 = ...

920 = ...

91 = ...

4 Écris les nombres dictés. *x centaines, y dizaines, z unités*

5 Écris le nombre correspondant.

8 centaines 4 dizaines 1 unité = ...

35 dizaines et 2 unités = ...

6 centaines et 5 dizaines = ...

6 centaines 3 dizaines 9 unités = ...

8 centaines et 4 unités = ...

6 dizaines et 5 unités = ...

6 Décompose comme dans l'exemple.

Exemple : 851 = 800 + 50 + 1

432 = 400 + ... + 2

186 = ... + ... + 6

903 = ...

598 = ... + 90 + 8

317 = ... + 10 + ...

620 = ...

7 Michel a 479 pièces de 1 euro. Il fait des paquets de 10 pièces ou de 100 pièces.
Il échange les paquets contre des billets de 10 euros ou de 100 euros.
Dessine les billets et les pièces (100 € 10 € 1 €) qu'il aura dans son porte-monnaie.

8 **Défi** a. Complète la pyramide en partant du bas et trouve le nombre mystère dans la case bleue. Aide-toi de l'exemple.

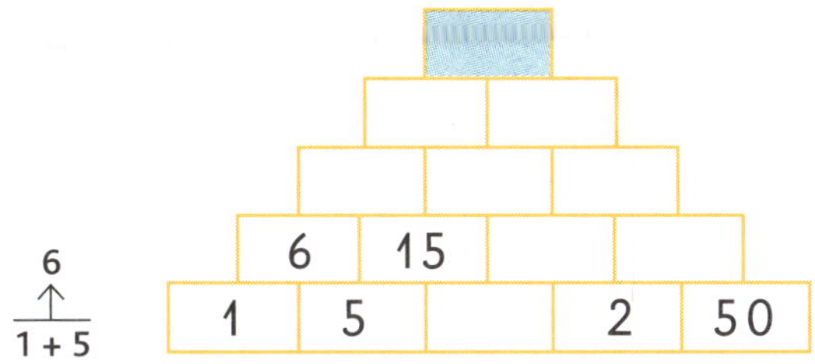

b. Avec ce nombre, tu pourras connaître l'âge de Judith et de Louis.

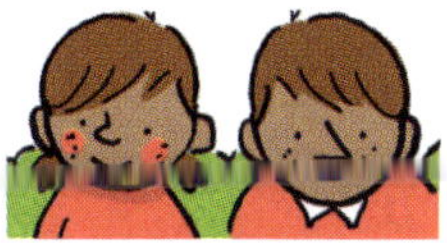

Le nombre des dizaines donne l'âge de Louis : Louis a ...... ans.

Le chiffre des unités donne l'âge de Judith :
Judith a ...... ans.

29 La soustraction posée (1)

Je sais poser et calculer une soustraction sans retenue

Je découvre

Nora, Tom et Julie observent des abeilles qui butinent ;
ils en comptent 57. Puis 25 abeilles retournent à la ruche.

1 Combien d'abeilles reste-t-il ? Complète les opérations de chaque enfant.

Nora a compté dans sa tête.

57 – 20 = 37
37 – .... = ...
Il reste ..... abeilles.

Tom a fait une addition à trous.

	2	5
+	.	.
	5	7

5 unités + ... unités = 7 unités
2 dizaines + ... dizaines = 5 dizaines
Il reste ..... abeilles.

Julie a posé une soustraction.

	5	7
–	2	5
	.	.

7 unités – 5 unités = ... unités
5 dizaines – 2 dizaines = ... dizaines
Il reste ..... abeilles.

2 Calcule 586 – 354 comme Julie.

	5	8	6
–	3	5	4
	.	.	.

...... unités – ...... unités = ... unités
...... dizaines – ...... dizaines = ... dizaines
...... centaines – ...... centaines = ... centaines

3 Calcule 586 – 354 comme Nora : ....

....

Est-ce que c'est facile ? ....

J'applique

4 Calcule.

	c	d	u
		8	9
–		3	2

	c	d	u
	7	8	9
–	1	5	4

	c	d	u
	4	2	6
–	1	0	5

	c	d	u
	9	7	8
–		6	5

Écrire au tableau 78 – 6 = ..., puis 78 – 16 = ...
Écrivez les résultats sur l'ardoise.

Je m'entraîne

5 Pose les opérations et calcule.

78 – 41 | 965 – 123 | 257 – 31 | 548 – 6

	c	d	u
–			

	c	d	u
–			

	c	d	u
–			

	c	d	u
–			

Est-ce bien utile de poser la dernière soustraction ? Explique ta réponse.

....

6 Complète les soustractions.

	c	d	u
	9	9	9
–	2	4	5
	.	.	.

	c	d	u
	4	3	8
–	.	.	.
	3	1	2

	c	d	u
	.	.	.
–	3	5	2
	4	1	5

	c	d	u
	1	5	7
–		2	6
	.	.	.

7 Sylvie a besoin de 384 perles bleues pour faire son collier. Elle en a déjà enfilé 212. Combien de perles lui reste-t-il à enfiler ?

	c	d	u
–			

Il lui reste .... perles à enfiler.

8 Michel avait 384 cartes d'animaux. David lui a donné sa collection de 133 cartes. Combien de cartes Michel a-t-il maintenant ?

	c	d	u

Michel a .... cartes.

9 **Défi** Chloé a quatre cartes avec des chiffres.
Elle choisit trois chiffres pour écrire le nombre en haut.
Elle choisit trois chiffres pour écrire le nombre en bas.
Elle fait l'opération et trouve 303.
Quels nombres a-t-elle choisis ? Complète l'opération.

	☐	☐	☐	← 1 3 4 7
–	☐	☐	☐	← 1 3 4 7
	3	0	3	

30 Le quadrillage

Je sais utiliser un quadrillage

Je découvre

Le dessin codé

1 La maîtresse a distribué une grille avec des cases de couleur à Chloé et une grille sans cases de couleur à Fatou. La maîtresse demande à Chloé :
« Écris un message à Fatou lui permettant de colorier les cases dans la bonne couleur. »

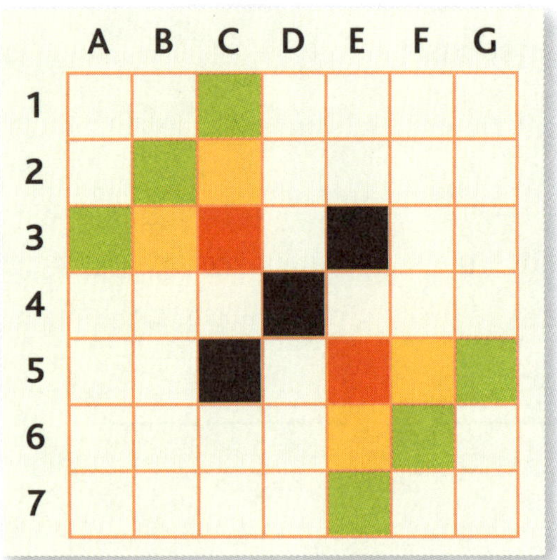

Complète le message de Chloé :

Colorie en vert les cases ....

....

Colorie en jaune les cases ....

....

Colorie en rouge les cases ....

....

Colorie en noir les cases ....

....

J'applique

2 Colorie les cases pour reproduire la même figure que celle de Chloé.

3 Colorie :
– en rouge les cases (F, 1), (B, 2), (E, 2), (G, 2), (A, 3), (B, 4), (C, 3) et (F, 3) ;
– en vert les cases (F, 4),(C, 4), (F, 5), (D, 5), (F, 6), (E, 6) et (F, 7) ;
– en jaune les cases (F, 2) et (B, 3).

Jeu du furet : compter de 5 en 5 dans l'ordre croissant : 5, 10, 15...
Continuez à tour de rôle.

Je m'entraîne

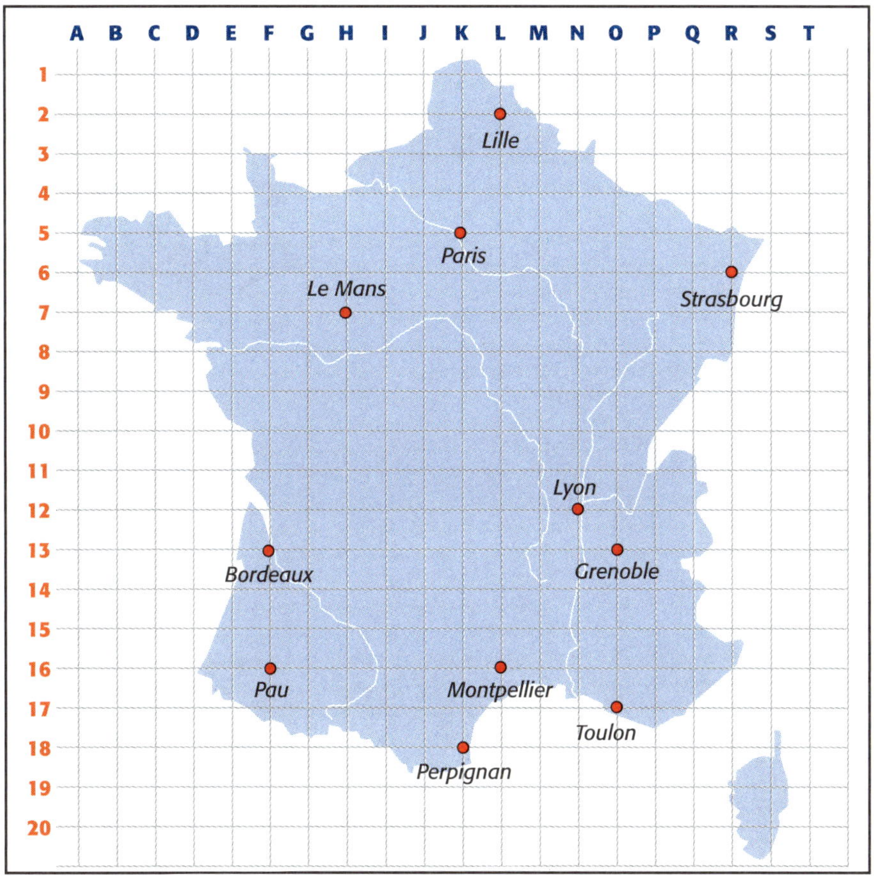

4 Sur un quadrillage, on peut aussi se repérer grâce aux nœuds.
Sur cette carte, les coordonnées de Paris sont (K, 5).

Écris les coordonnées des villes suivantes :

Strasbourg : (... , ...)   Lyon : (... , ...)   Bordeaux : (... , ...)   Toulon : (... , ...)

5 Écris le nom des villes qui ont les coordonnées suivantes :

(L, 16) : ....   (F, 16) : ....   (H, 7) : ....   (L, 2) : ....

6 Marque sur la carte avec un point bleu les villes ayant les coordonnées suivantes :
(B, 6) : Quimper   (F, 4) : Saint-Lô   (J, 13) : Aurillac   (P, 9) : Besançon

7 Un petit avion part de Lyon pour une promenade. Le pilote donne le plan de vol avant le décollage :

(N, 12)	(L, 16)	(K, 18)	(F, 16)	(L, 16)	(O, 17)	(N, 12)

Trace sur la carte de France le trajet qu'il va effectuer. Utilise ta règle.

8 **Défi** Trouve sur la carte trois villes marquées d'un point rouge qui sont alignées.
Écris leurs coordonnées :

31 La soustraction posée (2)

Je sais poser et calculer une soustraction à retenue(s)

Je découvre

Les élèves de CE1 de l'école Beaupré ont emprunté 64 livres à la bibliothèque.
Demain, ils doivent les rendre et ils n'en ont récupéré que 38.
Combien de livres reste-t-il à récupérer ?

	d	u
	6	4
–	3	8

❶ Je pose la soustraction 64 – 38. Je soustrais les unités : j'ai 4 unités. Je ne peux pas en enlever 8 !

	d	u
		(+10)
	6	4
–	3	8
	(+1)	

❷ Si j'ajoute la même quantité aux deux nombres, l'écart entre eux ne changera pas. Je donne :
– 10 unités au nombre d'en haut ;
– 1 dizaine au nombre d'en bas.

	d	u
	6	4 (1)
–	4	8
	2	6

❸ Maintenant, je peux facilement calculer la soustraction.

J'applique

1 Complète les soustractions, puis calcule-les.

	d	u
		(+10)
	8	3
–	2	9
	(+1)	

	d	u
	8	3.
–	.	9
	.	.

	d	u
		(+10)
	6	5
–	1	8
	(+1)	

	d	u
	6	5.
–	.	9
	.	.

2 Complète les soustractions, puis calcule-les.

	c	d	u
			(+10)
	6	5	0
–	2	3	4
		(+1)	

	c	d	u
	6	5	0.
–	2	.	4
	.	.	.

	c	d	u
		(+10)	
	8	2	9
–	1	5	7
	(+1)		

	c	d	u
	8	2.	9
–	.	5	7
	.	.	.

Mettre une somme d'argent dans une enveloppe sans montrer le montant à la classe. Ajouter devant les élèves 2 billets de 10 € et 5 pièces de 1 €. J'ai Y euros dans l'enveloppe. Combien avais-je au départ ?

Je m'entraîne

3 Calcule.

	d	u
	7	₁3
−	4	8
	(+1)	

	c	d	u
	9	4	₁2
−	2	3	9
		(+1)	

	c	d	u
	4	₁0	8
−		5	6
	(+1)		

4 Calcule.

Attention ! Il n'y a plus les aides. N'oublie pas les retenues.

	d	u
	9	2
−	3	7

	c	d	u
	6	7	2
−	2	5	9

	c	d	u
	8	4	3
−	6	9	1

	c	d	u
	3	8	1
−	3	4	5

5 Il y a 275 fauteuils dans la salle de cinéma. 238 élèves sont assis dans la salle. Combien de fauteuils vides reste-t-il ?

	c	d	u
−			

Il reste .... fauteuils vides.

6 Marie a fait 92 pots de confitures. Elle a rangé 55 pots sur la 1re étagère. Combien de pots rangera-t-elle sur la 2e étagère ?

	c	d	u
−			

Elle rangera .... pots.

7 **Défi** La tour Eiffel mesure 324 mètres de haut. La Space Needle, une tour de Seattle, aux États-Unis, mesure 182 mètres de haut.
Quelle est la différence de hauteur entre les deux tours ?

	c	d	u
−			

Il y a .... mètres de différence entre les deux tours.

32 Le compteur

Je sais ajouter et soustraire 1, 10, 100

Je découvre

Pour surveiller la production d'œufs de ses poules, un éleveur utilise un compteur qui peut reconnaître les œufs à l'unité, les boîtes de dix œufs et les cartons de cent.

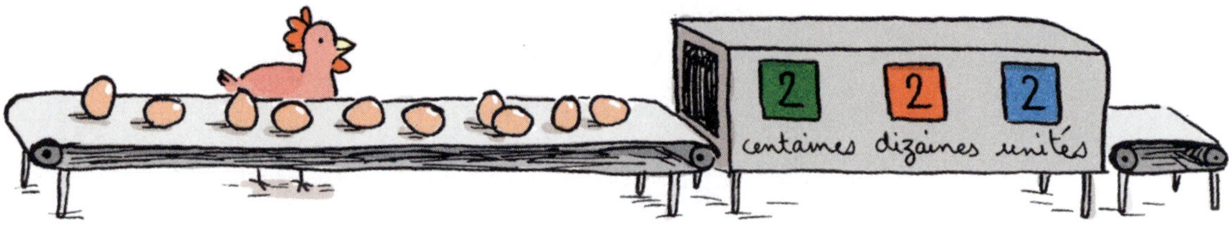

1 222 œufs sont déjà passés dans le compteur. Écris ce que le compteur affiche à chaque fois qu'un autre œuf passe.

	+1	+1	+1	+1	+1	+1	+1	+1	+1	+1
222	......	......	......	......	......	......	......	......	......	......

2 On ajoute 10 œufs aux 222 du compteur. Quel chiffre faut-il changer sur le compteur pour qu'il affiche le bon résultat ? ....

J'applique

3 429 œufs sont déjà passés dans le compteur. Écris ce que le compteur affiche à chaque fois qu'une boîte de 10 œufs passe.

	+10	+10	+10	+10	+10	+10	+10	+10	+10	+10
429	......	......	......	......	......	......	......	......	......	......

4 On ajoute 100 œufs aux 429 du compteur. Quel chiffre faut-il changer sur le compteur pour qu'il affiche le bon résultat ? ....

5 Le compteur affiche 267. Cinq cartons de 100 œufs passent dans le compteur. Écris ce que le compteur affiche à chaque passage.

267	......	......	......	......	......

Écrire au tableau 72 – 19 = ... et 65 – 29 = ...
Écrivez les résultats sur l'ardoise.

6 Écris ce que le compteur affiche à chaque passage.

403	......	......	......	......	......	......

Je m'entraîne

7 Complète.

	+1	+10	+1	+1	+10	+10	+100	+100	+100	+1
356	357	367	......	......	......	......	......	......	......	......

8 Le compteur permet aussi de compter à l'envers. Complète à l'aide de ton compteur.

	–1	–10	–100	–10	–10	–100	–1	–1	–100	–1
564	563	553	......	......	......	......	......	......	......	......

9 À tour de rôle, Maxime et Nina jettent 7 fois un dé.
Ce dé peut afficher + 1, + 10 et + 100 ou – 1, – 10 et – 100.
Écris le score de chaque enfant à la fin du jeu.

	Avant (centaines dizaines unités)								Après (centaines dizaines unités)
Maxime	5 0 0	+ 100	– 1	+ 10	+ 100	– 1	+ 10	+ 10	... ...
Nina	5 0 0	– 1	+ 10	– 1	+ 100	– 10	+ 10	+ 100	... ...

10 **Défi** 15 élèves jouent au furet.
Le furet commence à 0. Le 1er élève ajoute 1, le 2e ajoute 10, le 3e ajoute 100. Le 4e ajoute à nouveau 1 et ainsi de suite. Écris le résultat que trouvera le 15e élève.

....

....

....

33 La multiplication (1)

Je découvre l'écriture multiplicative

Je découvre

1 Ce matin, Évelyne a ramassé des œufs dans le poulailler. Elle a rempli des boîtes de six œufs.

Combien de boîtes a-t-elle remplies ? ....

Combien d'œufs a-t-elle ramassés ?

.... + ... + ... + ... + ... + ... + ... = ...

.... œufs × .... boîtes = ... œufs   .... × .... = ...

Évelyne a ramassé .... œufs.

Pendant ce temps, Victor a arraché des poireaux dans le jardin. Il a fait des bottes de huit poireaux à chaque fois.

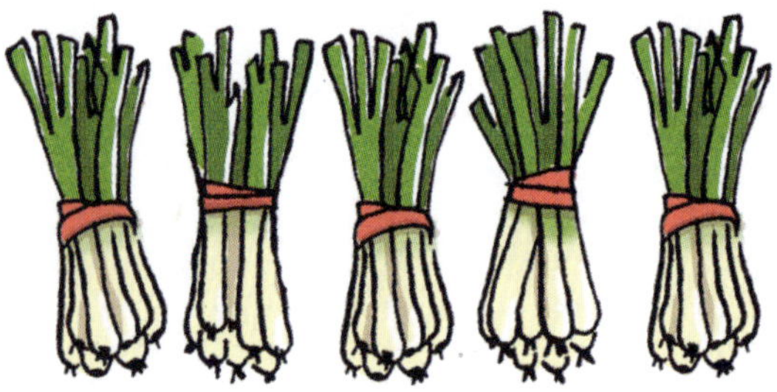

Combien de bottes a-t-il faites ? ....

Combien de poireaux a-t-il arrachés ?

..... + ... + ... + ... + ... = ...

..... poireaux × ..... bottes = ... poireaux

..... × ..... = ...

Victor a arraché .... poireaux.

J'applique

2 Calcule le nombre de verres. Écris l'addition et la multiplication.

Addition : ....

Multiplication : ....

Il y a .... verres.

Je m'entraîne

3 Calcule les additions puis écris-les sous la forme d'une multiplication.

5 + 5 + 5 + 5 + 5 + 5 + 5 + 5 + 5 + 5 + 5 = ... → ..... × .....

2 + 2 + 2 + 2 + 2 + 2 + 2 + 2 + 2 = ... → ..... × .....

12 + 12 + 12 + 12 = ... → ..... × .....

4 + 4 + 4 + 4 + 4 + 4 + 4 + 4 + 4 + 4 + 4 + 4 = ... → ..... × .....

6 + 6 + 6 + 6 + 6 + 6 = ... → ..... × .....

Additionnez 4 fois le nombre 2. Écrivez l'opération et le résultat sur l'ardoise.
Continuer avec d'autres chiffres inférieurs à 10.

4 Écris les multiplications sous forme d'additions, puis calcule.

9 × 5 → ....

3 × 10 → ....

8 × 6 → ....

5 Noémie a 40 poires rangées dans des cartons.
Dessine les cartons correspondant à l'opération 5 × 8 = 40 .

6 Évelyne adore le chocolat. Victor lui a acheté cinq tablettes de 15 carrés.
Combien de carrés de chocolat pourra-t-elle manger ?
Écris l'opération et calcule.

....

....

7 Écris l'addition sous la forme d'une multiplication quand c'est possible.

3 + 3 + 3 + 8 + 3 → ..... × .....

20 + 20 + 20 + 20 + 20 → ..... × .....

9 + 9 + 9 + 9 + 9 + 6 + 9 → ..... × .....

7 + 7 + 7 + 7 + 7 → ..... × .....

8 + 8 + 3 + 8 → ..... × .....

8 **Défi** Complète.

Victor a vendu des salades au marché. Il a gagné ..... euros.

Évelyne a vendu des œufs. Elle a gagné deux fois la somme rapportée par Victor. Dessine l'argent d'Évelyne.

..... × ..... = ...

Évelyne a gagné .... euros.

34 J'apprends à tracer (2)

Je reproduis une figure sur un quadrillage

Je découvre

1 Observe bien le modèle du poisson.
Reproduis le poisson : ajoute les points qui manquent et relie-les.

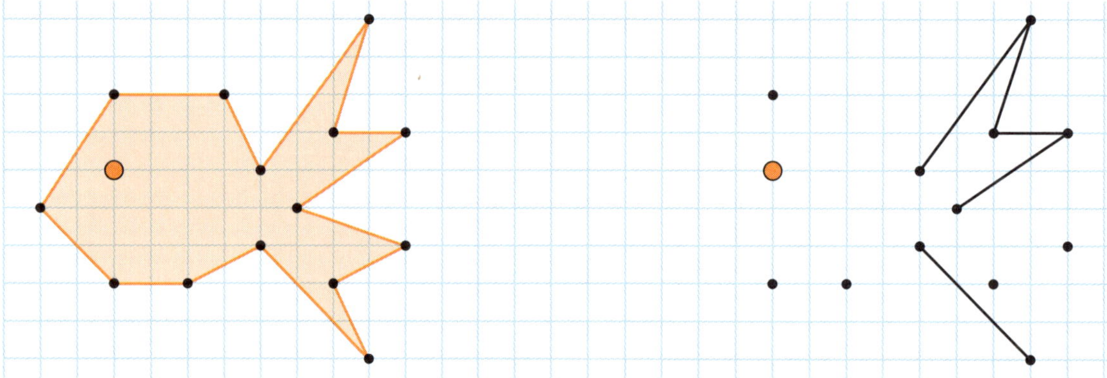

J'applique

2 Reproduis le poisson : ajoute les points qui manquent et relie-les.

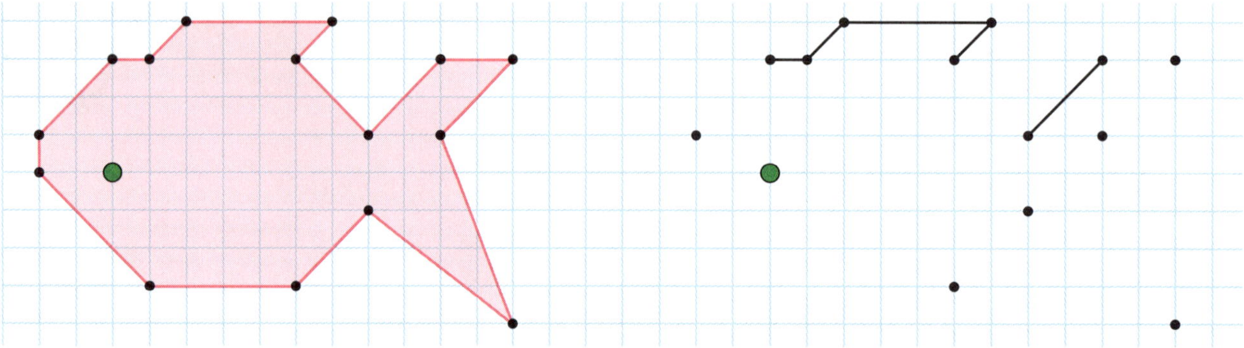

Je m'entraîne

3 Reproduis la figure : ajoute les points qui manquent et relie-les.

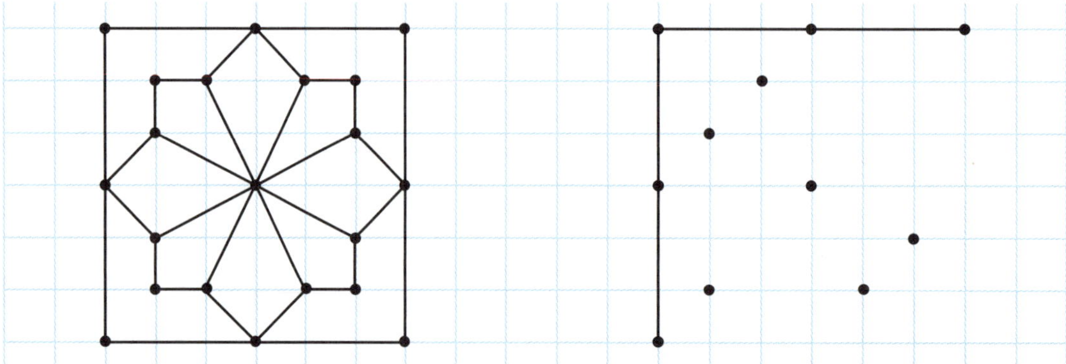

Le nombre mystère : décrire un nombre en précisant son nombre de dizaines et d'unités.
(*Ex.* : j'ai 8 centaines et 3 unités : qui suis-je ? J'ai 14 dizaines : qui suis-je ?)

4 Observe, puis complète pour reproduire le voilier.

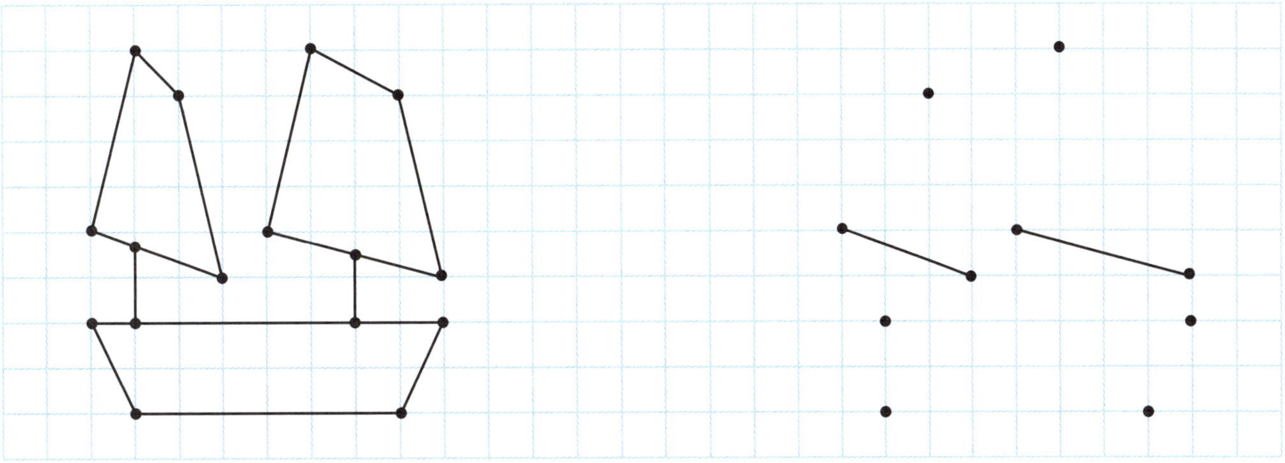

5 Observe, puis complète pour reproduire la figure.

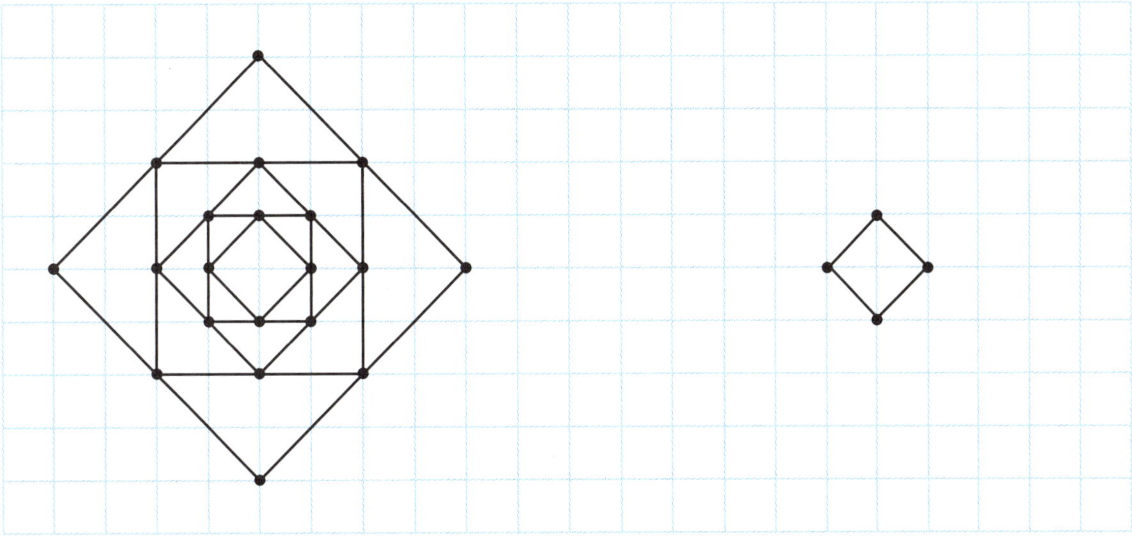

6 **Défi** Observe, puis complète pour reproduire le château.

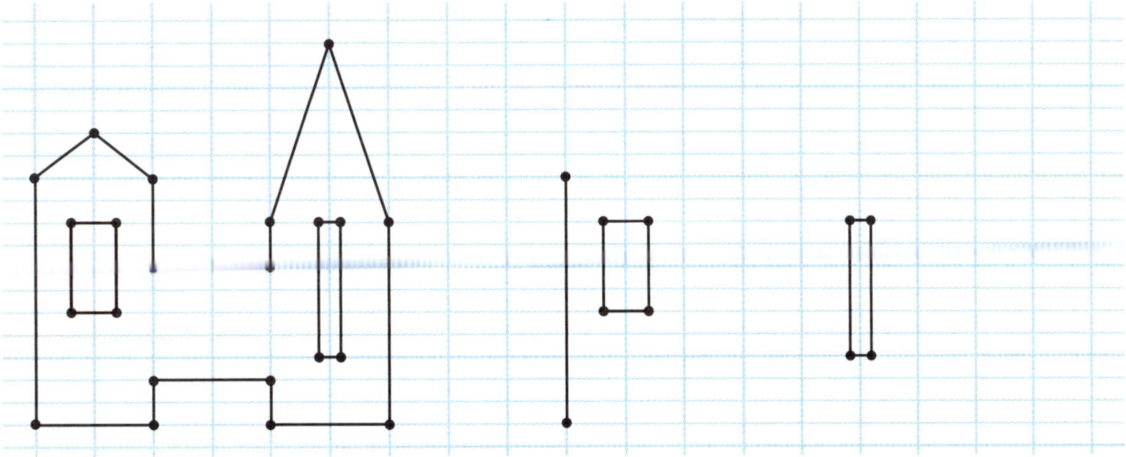

35 Organiser et gérer des données (1)

Je sais lire et utiliser des données dans un tableau

Je découvre

1 La boulangère a fait un tableau pour connaître le prix de ses produits.

	Quantités vendues				
	1	2	3	4	5
Baguette	1 €	2 €	3 €	4 €	5 €
Couronne	2 €	4 €	6 €	8 €	10 €
Pizza du chef	5 €	10 €	15 €	20 €	25 €
Pizza royale					

Combien coûtent 3 couronnes ? .... 5 baguettes ? .... 4 pizzas du chef ? ....

La boulangère vend une pizza royale à 6 €. Écris dans le tableau les étiquettes qu'elle a préparées :

18 € 12 € 30 € 6 € 24 €

J'applique

2 Le gardien du zoo a compté les animaux dont il s'occupe.

	Panthères	Lions	Ours	Singes	Loups
Petits	1	4	2	2	4
Mâles	3	1	2	3	6
Femelles	2	4	3	9	6
Total					

a. Combien y a-t-il de singes femelles ? ...... b. Combien y a-t-il de petits chez les lions ? ....

c. Chez quelle famille d'animaux y a-t-il autant de mâles que de femelles ? ....

d. Quelle famille d'animaux est la plus nombreuse ? ....

Je m'entraîne

3 a. Mourad doit acheter huit fromages blancs.
Trouve trois façons différentes de le faire :

.... *paquet(s) de* .... *fromages blancs.*

.... *paquet(s) de* .... *fromages blancs.*

.... *paquet(s) de* .... *fromages blancs.*

b. Marie achète 5 paquets de fromages blancs par 4. Combien de fromages blancs a-t-elle ?

....

	Nombre de paquets				
	1	2	3	4	5
Paquet de 2 fromages blancs	2	4	6	8	10
Paquet de 4 fromages blancs	4	8	12	16	20
Paquet de 8 fromages blancs	8	16	24	32	40

Jeu du furet : compter de 5 en 5 dans l'ordre croissant à partir de 3 : 3, 8, 13... Continuez à tour de rôle.

4 À l'école Jules Verne, les élèves ont sélectionné leur sport préféré. Voici les résultats de l'enquête.

	CP	CE1	CE2	CM1	CM2	Total
Basket	3	4	6	8	12	**33**
Roller	4	2	9	11	6	**32**
Danse	6	8	4	5	3	**26**
Escalade	2	6	8	6		**24**
Natation	7	6	2	0	5	**20**
Total	**22**	**26**		**30**	**28**	

- Combien d'élèves y a-t-il en CP ? ....
- Combien d'élèves de CM1 ont préféré le basket ? ....
- Combien d'élèves de CE2 ont préféré l'escalade ? ....
- Quel est le sport préféré des élèves de CP ? ....
- Quelle classe a préféré le basket ? ....

On peut retrouver les renseignements qui manquent dans le tableau en faisant des calculs.

- Combien d'élèves y a-t-il en CE2 ? ....
- Combien d'élèves de CM2 ont préféré l'escalade ? ....

5 a. Écris au bon endroit le résultat des multiplications.

4 × 8 = 32
5 × 10 = 50
8 × 8 = 64
2 × 7 = 14
3 × 5 = 15

×	1	2	3	4	5	6	7	8	9	10
2	2	4	6	8						20
4	4	8				24	28			
5		10			25	30		40	45	
8	8	16			40	48	56			

b. Trouve dans le tableau le résultat des multiplications : 5 × 6 = ... 4 × 7 = ...

c. Trouve dans le tableau la multiplication correspondante : 45 = ... × ....

6 **Défi** Lucas a noté dans le tableau le nombre de gommettes qu'il a. Colorie les gommettes en t'aidant du tableau.

	□	△	○	♡
			3	1
	2			
		1		1
		4	2	

36 La table de 5

Je connais la table de multiplication de 5

Je découvre

Fatou, Max, Lucas et Chloé ont chacun leur technique pour calculer 5 × 3. Lis leurs explications.

J'écris l'addition répétée comme dans la fiche 33, puis je calcule.

5 + 5 + 5 = ...

Je compte de 5 en 5 trois fois comme dans un furet. Je retiens le dernier nombre dit.

5 → 10 → .....

Je dessine 3 lignes de 5 points et je compte les points.

Je connais le résultat par cœur : 5 multiplié par 3 c'est…

5 × 3 = ...

Table de 5

5 × 0 = ...
5 × 1 = ...
5 × 2 = ...
5 × 3 = ...
5 × 4 = ...
5 × 5 = ...
5 × 6 = ...
5 × 7 = ...
5 × 8 = ...
5 × 9 = ...
5 × 10 = ...

1 Utilise la technique de ton choix et complète les résultats de la table de 5.

J'applique

2 Complète les multiplications correspondant à chaque technique.

5 → 10 → 15 → 20 → 25 → 30

..... × ..... = ...

5 + 5 + 5 + 5 + 5 + 5 + 5 + 5

..... × ..... = ...

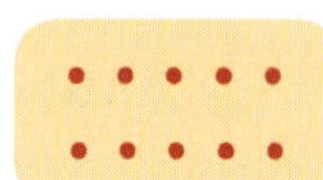

..... × ..... = ...

3 Entoure un nombre de points égal aux multiplications. Complète ensuite les égalités.

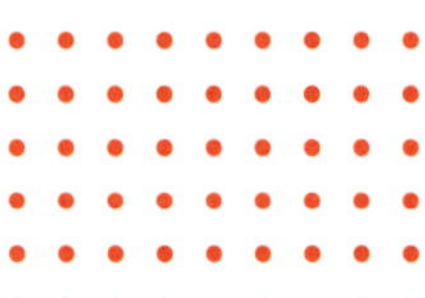

5 × 7 = ...

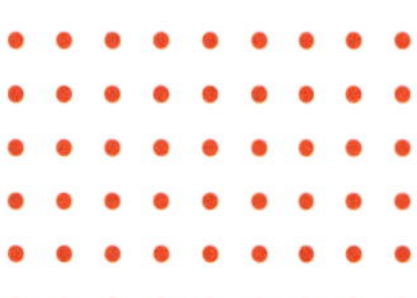

5 × 1 = ...

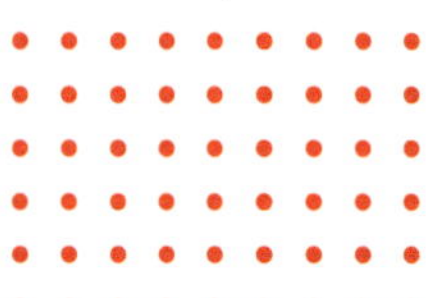

5 × 4 = ...

5 × 5 = ...

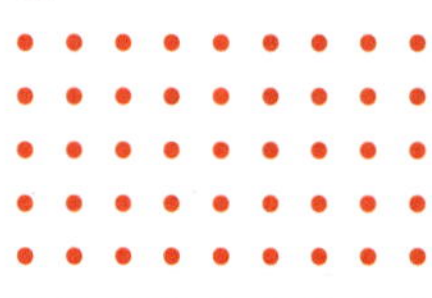

5 × 9 = ...

Je m'entraîne

4 Complète.

5 × 6 = ...   5 × 9 = ...   5 × .... = 15   5 × .... = 0   5 × 5 = ...   5 × .... = 5

5 Zoé a acheté trois carnets de cinq timbres pour ses cartes de vacances.
Combien de timbres a-t-elle ? Explique par un dessin.

.... + ... + ... = ...

ou .... × .... = ...

Zoé a .... timbres.

6 Manon achète deux sachets de cinq bonbons. Florian achète cinq sachets de deux bonbons.
Qui a le plus de bonbons ? Explique par un dessin.

.... × .... = ...

Manon a .... bonbons.

.... × .... = ...

Florian a .... bonbons.

....

7 Colorie d'une même couleur les opérations qui sont égales.

3 × 5   5 + 5 + 5 + 5   8 × 5   4 × 5   140 – 10

50 – 30   5 × 4   15 + 0   5 × 3   8 + 8 + 8 + 8 + 8

8 Une classe joue au furet et compte de 5 en 5. Souligne les erreurs et corrige-les en dessous.

35	40	46	50	55	60	64	70	75	79
....	....	....	....	....	....	....	....	....	....

9 **Défi** Un fermier a 25 courgettes et 50 tomates sur son étalage.
Il ne vend que des lots de 5 tomates ou de 5 courgettes. À la fin du marché, il a vendu 3 lots de courgettes et il a autant de tomates que de courgettes.
Combien de lots de tomates a-t-il vendus ?

....

....

....

37 Les unités de temps (2)

Je connais la relation entre heure et minute

Je découvre

1 Tu sais que la grande aiguille met 5 minutes pour passer d'un nombre du cadran à un autre.
Combien de minutes met-elle pour faire un tour complet ? Explique ta réponse.

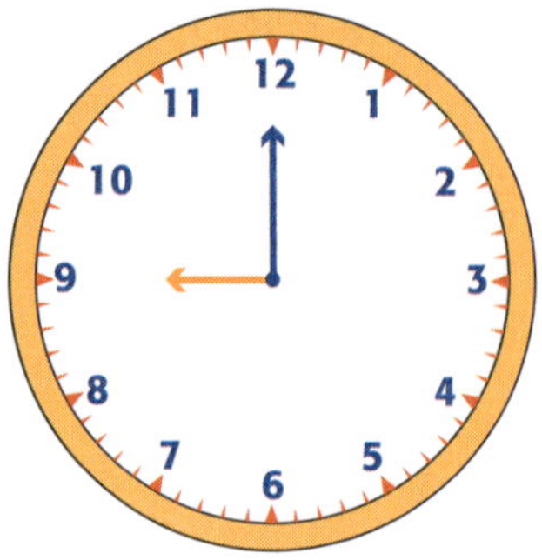

....

....

1 heure est égale à .... minutes. On peut écrire 1 h = ... min.
Quand la grande aiguille indique 1, il suffit de multiplier par .... pour avoir le nombre de minutes.

J'applique

2 Les cercles autour du cadran indiquent le nombre de minutes parcourues par la grande aiguille. Complète-les.

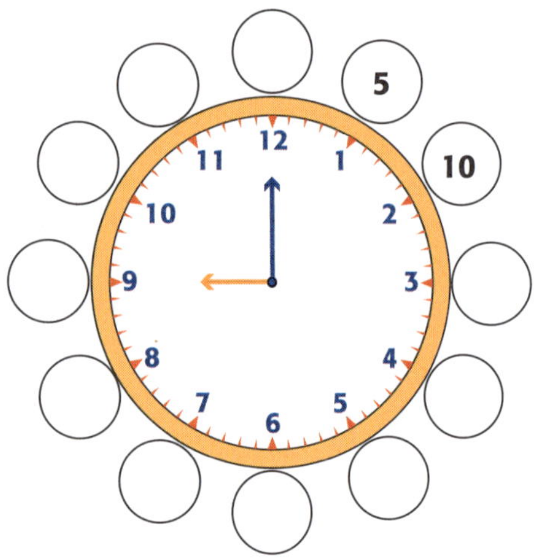

3 Relie les durées égales.

1 h •	• 120 min
2 h •	• 60 min
3 h •	• 300 min
4 h •	• 240 min
5 h •	• 180 min
6 h •	• 360 min

4 Relie le cadran à aiguilles au bon cadran digital.

Je m'entraîne

5 Dessine une petite aiguille jaune pour les heures et une grande aiguille bleue pour les minutes.

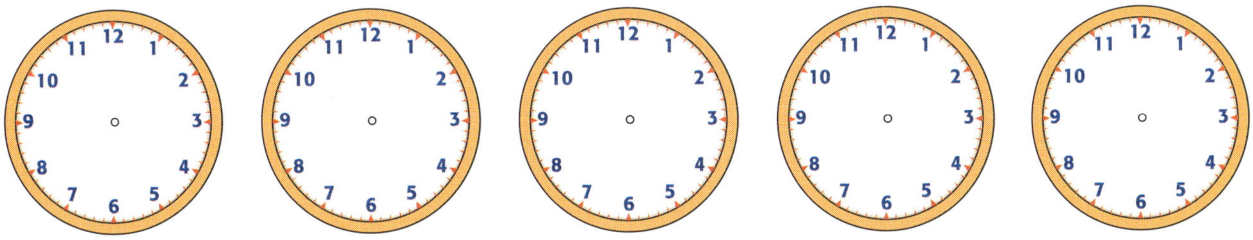

8 h 30	12 h 20	16 h 00	14 h 50	20 h 35

6 Complète les égalités de durée.

1 h 10 min = ... min 4 h 30 min = ... min 2 h 50 min = ... min

.... h .... min = 80 min .... h .... min = 130 min .... h .... min = 200 min

7 Andréa regarde un film de 60 minutes au cinéma. La séance a débuté à 17 h. À quelle heure sortira-t-elle de la salle ?

....

8 Norman s'est endormi à 16 h 50 minutes. Il a dormi pendant 20 minutes.
À quelle heure s'est-il réveillé ?

....

....

9 **Défi** Un garagiste doit réparer le capot, la portière et le coffre de la voiture de Mme Lagoutte. Il lui reste du temps libre le lundi, le mardi et le mercredi pour faire ces réparations.

Temps libre	
Lundi	*de* 14 h 00 *à* 15 h 30
Mardi	*de* 10 h 30 *à* 12 h 45
Mercredi	*de* 8 h 00 *à* 9 h 10

Durées des réparations	
Capot	60 min
Portière	90 min
Coffre	120 min

À l'aide des tableaux, trouve les jours où il effectue chaque réparation.

....

....

....

Je fais le bilan

1 Indique par une flèche où placer les nombres sur la droite graduée.

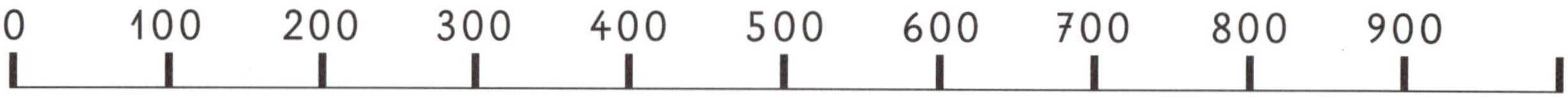

459 208 940 91 549 987

2 Entoure le cube en rouge et les pavés en bleu.

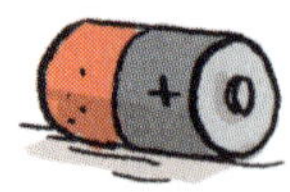

3 Complète.

3 centaines 6 dizaines 4 unités = ...
8 centaines 1 dizaine = ...
194 = ... centaine .... dizaines .... unités

9 centaines 7 dizaines 2 unités = ...
509 = ... centaines .... dizaine .... unités
280 = ... centaines .... dizaines .... unité

4 Calcule les opérations et pose la dernière.

	c	d	u
	5	6	8
−	1	4	3

	c	d	u
	2	9	5
−	2	3	4

	c	d	u
	4	7	8
−	2	5	0

589 − 64

	c	d	u
−			

5 Calcule les opérations et pose la dernière. N'oublie pas les retenues.

	c	d	u
	6	2	9
−	1	8	3

	c	d	u
	7	4	2
−	1	3	8

	c	d	u
	3	2	6
−		7	3

432 − 195

	c	d	u
−			

6 Écris les coordonnées des dessins.

(… , …)  (… , …) 

(… , …)  (… , …) 

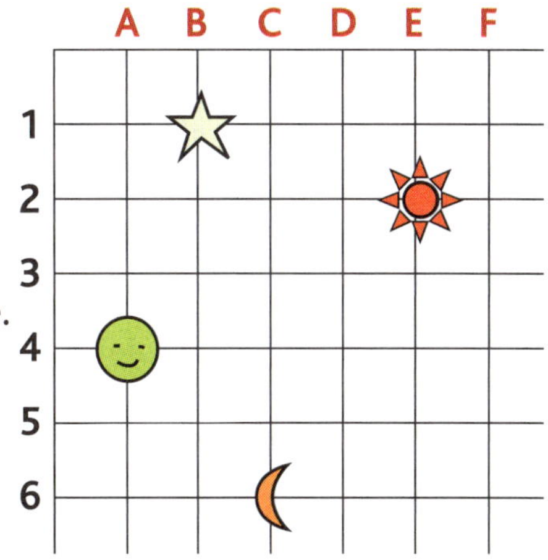

7 Dessine ces formes au bon endroit dans le quadrillage.

 (F, 5)  (A, 6)

 (D, 3) 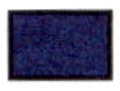 (C, 1)

8 Calcule.

23 + 10 = ….. 67 + 100 = ….. 584 + 1 = ….. 704 + 100 = ….. 197 + 10 = …..

78 – 1 = ….. 67 – 10 = ….. 100 – 1 = ….. 607 – 10 = ….. 128 – 100 = …..

9 Reproduis le canard.

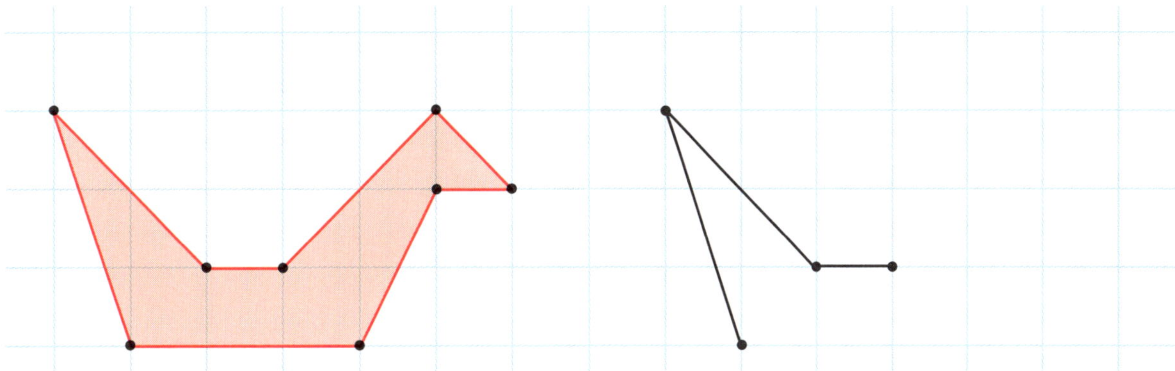

10 La maîtresse veut acheter des livres pour la classe. Chaque livre coûte 5 euros.
Complète le tableau.

Nombre de livres	1	2	3	4	5	6	7	8	9	10
Prix	5									

La maîtresse possède 47 euros. Combien de livres pourra-elle acheter ?

Elle pourra acheter ……. livres.

11 Remplace l'addition par une multiplication.

24 + 24 + 24 + 24 + 24 = 120 …… × ….. = 120

12 Complète.

5 × 6 = …… 5 × 3 = …… 9 × 5 = …… 5 × …… = 20

5 × …… = 0 …… × 5 = 5 …… × 5 = 40 5 × 10 = ……

13 Complète.

1 h = ….. min 80 min = ….. h ….. min ….. h = 120 min 2 h 20 min = ….. min

La géométrie est partout !

Regarde bien autour de toi : la géométrie est là sans forcément que tu t'en aperçoives du premier coup d'œil...

1 Trouve 3 objets dans la classe qui ont une forme géométrique que tu connais.

....

....

....

2 Reconnais-tu les formes géométriques de ces objets ?

....

3 Avec ta règle, trace un rectangle de 8 carreaux de long et de 6 carreaux de large.

À quel objet de l'exercice 2 ce rectangle te fait-il penser ?

4 Si tu prends l'avion, tu peux également admirer des formes géométriques en regardant au sol. Certaines villes vues d'avion ont des formes très géométriques.

Combien de côtés possède la ville Neuf-Brisach ?

On dit que c'est un octogone car elle possède .... côtés.

5 Dans la nature, on peut également observer des formes géométriques que l'homme n'a pas fabriquées.

Peux-tu citer d'autres exemples ?

....

....

....

....

6 Certains peintres adorent les formes géométriques !

Auguste Herbin est un peintre du 20e siècle. Observe son tableau et compte le nombre de figures géométriques que tu vois.

Triangles	Carrés	Cercles	Rectangles

7 Pierre a décidé d'écrire des noms de figures géométriques en langage codé.
Ainsi,  signifie C A R R É.

Complète le tableau pour faire correspondre chaque figure à la lettre qu'elle représente.

Voici d'autres figures qui représentent d'autres lettres :

T	I	N	G	L	E

En utilisant les deux tableaux, écris les mots :

TRIANGLE

....

RECTANGLE

....

38 Décomposer un nombre

Je sais décomposer en centaines, dizaines et unités

Je découvre

1 Complète les sommes récoltées par chaque école pendant le Téléthon.

2 centaines, ... dizaines et ...... unités
200 + ... + ... = ...
L'école Mozart a collecté .... euros.

.... dizaines et .... unités
.... + ... = ...
L'école Wagner a collecté .... euros.

.... centaines et .... unités
.... + ... = ...
L'école Verdi a collecté .... euros.

Quelle école a collecté le plus d'argent ? ....

J'applique

2 Observe l'exemple, puis complète.

Exemple : 634 = 6 centaines + 34 unités

.... = 8 centaines + 5 dizaines + 1 unité
.... = 2 centaines + 8 dizaines
.... = 11 dizaines + 9 unités
.... = 6 centaines + 45 unités
.... = 1 centaine + 3 dizaines
.... = 5 dizaines + 4 unités

Jeu du furet : compter de 2 en 2 (0, 2, 4...) ou de 4 en 4 (0, 4, 8...)
Continuez à tour de rôle.

Je m'entraîne

3 Écris les nombres dictés. *x centaines, y dizaines, z unités*

4 Complète.

426 = ... centaines + ... unités
130 = ... centaine + ... unités
175 = ... dizaines + ... unités
300 = ... centaines

219 = ... centaines + ... unités
240 = ... centaines + ... dizaines
608 = ... dizaines + ... unités
300 = ... dizaines

5 Observe l'exemple et complète.
Exemple : 317 = 300 + 10 + 7

627 = 600 + ... + 7
538 = ... + ... + 8
915 = ... + ... + ...
409 = ... + ...

194 = ... + 90 + 4
281 = ... + 80 + ...
34 = ... + ...
620 = ... + ...

6 Lis le dialogue entre Stéphane et son maître.

« Maître, il y a 270 doigts d'enfants dans notre classe, s'écrie Stéphane. Je les ai comptés un par un.
– C'est juste, petit futé, mais je sais bien que tu n'as pas compté, répond le maître. Dans la classe, il y a .... élèves. »

Écris l'opération que Stéphane a faite et complète le dialogue.

....

7 Le marchand de fruits a reçu des kiwis ce matin :
– 4 cartons de 100 kiwis ;
– 6 barquettes de 10 kiwis.
Il lui reste 9 kiwis qu'il n'a pas vendus la veille. Combien de kiwis a-t-il en tout ? Écris ton calcul.

....

....

8 **Défi** Le papillon s'envole de la case 23. Il vole 1 centaine plus loin, puis parcourt 16 dizaines de cases. Sur quelle case se trouve-t-il à la fin ?

....

....

....

39 Les tables de 2 et de 4

Je connais les tables de multiplication de 2 et de 4

Je découvre

Table de 2	Table de 4
2 × 0 = 0	4 × 0 = 0
2 × 1 = ...	4 × 1 = 4
2 × 2 = 4	4 × 2 = 8
2 × 3 = ...	4 × 3 = 12
2 × 4 = 8	4 × 4 = 16
2 × 5 = ...	4 × 5 = ...
2 × 6 = 12	4 × 6 = ...
2 × 7 = ...	4 × 7 = ...
2 × 8 = 16	4 × 8 = ...
2 × 9 = ...	4 × 9 = ...
2 × 10 = 20	4 × 10 = ...

1 Compare les cinq premiers résultats de la table de 4 avec les résultats de la table de 2.
Que remarques-tu ?

....

....

2 Complète les deux tables.

3 Complète les égalités.

2 × 0 = 4 × ....
4 × 2 = 2 × ....
4 × 4 = 2 × ....
2 × 2 = 4 × ....
2 × 6 = 4 × ....
2 × 10 = 4 × ....

J'applique

4 Complète les égalités.

2 × 7 = ...   4 × 6 = ...   2 × ..... = 8   4 × ..... = 0   4 × 4 = ...   2 × ..... = 22

Je m'entraîne

5 Complète les multiplications.

2 × 8 = ...

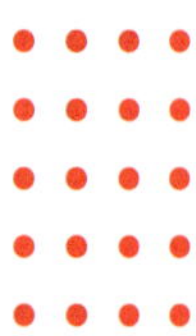
5 × 4 = ...

4 × 5 = ...

7 × 4 = ...

4 × 9 = ...

6 Colorie d'une même couleur les étiquettes ayant la même valeur.

3 × 2 | 7 | 4 × 2 | 4 × 5 | 7 − 1 | 23 − 3

2 × 4 | 2 + 2 + 2 + 2 | 10 × 2 | 16

Alterner différentes formulations pour l'addition et la multiplication. *Ex.* : additionnez 3 fois le nombre 7. Pour la table de 5 : *5 multiplié par 4* ou *4 fois 5*. Écrivez le résultat sur l'ardoise.

7 Entoure en bleu les nombres qui peuvent être le résultat d'une multiplication par 2.
Entoure en jaune les nombres qui peuvent être le résultat d'une multiplication par 4.

7 12 13 18 22 24 77 80 200 400 999

8 Monsieur Karl Heur doit carreler une salle de bains avec des carreaux bleus. Il en a déjà posé 12.
Mais ce n'est pas suffisant !
En utilisant la multiplication, calcule le nombre de carreaux supplémentaires à acheter.

....

Monsieur Karl Heur doit acheter .... *carreaux supplémentaires.*

9 Madame Nicole Orie a 4 enfants. Elle distribue 9 crayons de couleur à chacun. À la fin, il ne reste plus aucun crayon de couleur dans la boîte.
Combien de crayons de couleur y avait-il dans la boîte ?

....

....

10 Anaïs a quatre coquillages. Dylan en a deux fois plus qu'elle. Leïla possède quatre fois plus de coquillages que Dylan.
Calcule le nombre de coquillages que possède Dylan.

....

Calcule le nombre de coquillages que possède Leïla.

....

11 **Défi** Jojo le kangourou, Nanar la grenouille et Pépin le lapin font des bonds sur la bande numérique. Jojo fait des bonds de 5, Nanar des bonds de 2 et Pépin des bonds de 4.

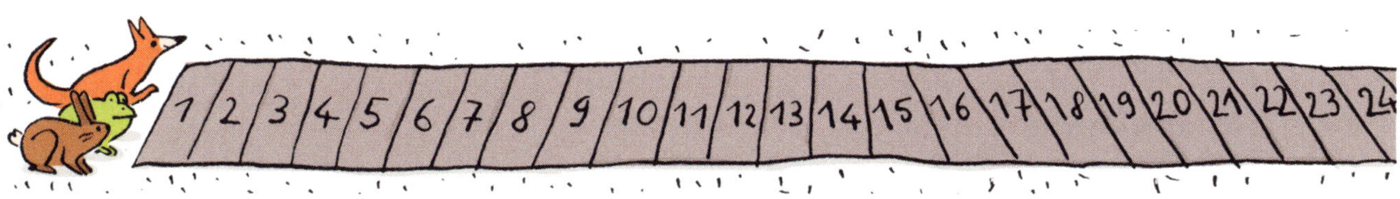

Ils se rencontrent tous les trois sur la même case. Quel est le numéro de cette case ? ....
Trouve les deux cases suivantes sur lesquelles ils se rencontreront.

....

....

....

40 La multiplication (2)

Je découvre des techniques pour multiplier facilement deux nombres

Je découvre

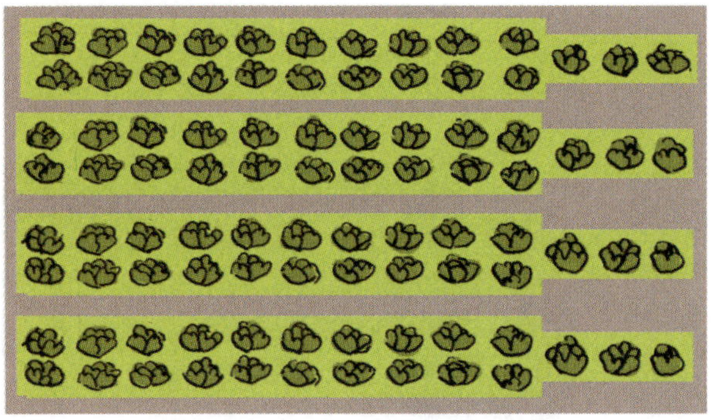

1 Michel a planté des salades dans son jardin en faisant des planches de 23 salades.

a. Combien de planches de salades a-t-il plantées ?

....

b. Dans chaque planche de salades il y a :

...... dizaines et ...... unités

...... + ... = ...

Pour connaître le nombre de salades qu'il a plantées, Michel a compté de trois façons. Complète-les.

23 + 23 + 23 + 23	..... dizaines × 4	et	..... unités × 4	20 ×	+	3 ×
	..... dizaines	et	..... unités		+	

Michel a planté ..... salades.

J'applique

2 Complète la multiplication correspondant au dessin.

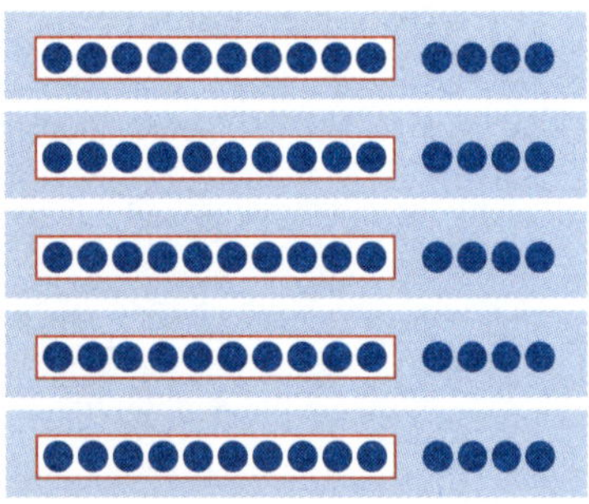

14 × 5 = ... × 5 + ... × 5

14 × 5 = ... + ...

14 × 5 = ...

3 Complète la multiplication correspondant au dessin.

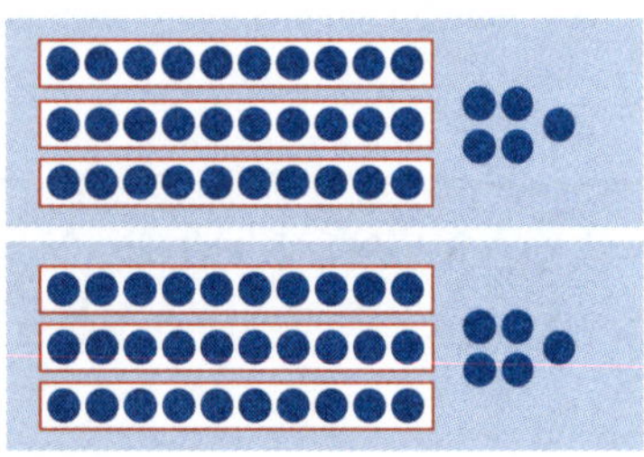

35 × 2 = ... dizaines × 2 + ... unités × 2

35 × 2 = ... dizaines + ... unités

35 × 2 = ...

4 Complète la multiplication correspondant au dessin.

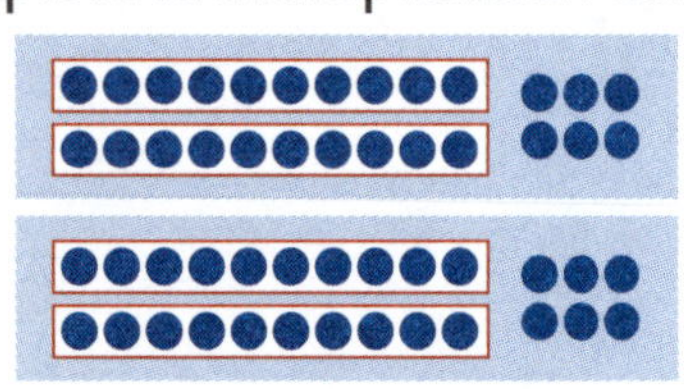

26 × 2 = ... × ...... + ... × ......

26 × 2 = ... + ...

26 × 2 = ...

Décomposition de nombres : demander le nombre de dizaines ou le chiffre des dizaines dans 456, par exemple. Écrivez le résultat sur l'ardoise.

Je m'entraîne

5 Complète comme dans l'exemple.

14 × 2 = 10 × 2 + 4 × 2
14 × 2 = 20 + 8
14 × 2 = 28

31 × 2 = ___ × 2 + ___ × 2
31 × 2 = ___ + 2
31 × 2 = ___

43 × 2 = 40 × 2 + ___ × 2
43 × 2 = ___ + ___
43 × 2 = ___

12 × 4 = ___ × 4 + ___ × 4
12 × 4 = ___ + ___
12 × 4 = ___

6 Complète comme dans l'exemple.

52 × 3 = 5 dizaines × 3 + 2 unités × 3
52 × 3 = 150 + 6
52 × 3 = 156

41 × 4 = ... dizaines × .... + ... unité × ....
41 × 4 = ___ + ___
41 × 4 = ___

42 × 3 = ... dizaines × .... + ... unités × ....
42 × 3 = ___ + ___
42 × 3 = ___

34 × 2 = ... dizaines × .... + ... unités × ....
34 × 2 = ___ + ___
34 × 2 = ___

7 Mégane range les crayons de la classe. Il y a 2 boîtes de 36 crayons de couleur. Combien de crayons y a-t-il dans la classe ?

....

....

....

....

8 Le papa de Flore achète 5 casiers pour ranger ses bouteilles à la cave. Chaque casier contient 12 bouteilles. Combien de bouteilles peut-il ranger ?

....

....

....

....

9 **Défi** Combien de timbres Chloé a-t-elle achetés ?

....

....

....

Combien de timbres doit-elle encore acheter pour en avoir 80 ?

....

....

41 L'angle droit

J'apprends à reconnaître et à tracer des angles droits

Je découvre

1 Pour tracer des angles, le menuisier utilise un outil particulier.

a. Écarte les lames de ta paire de ciseaux pour avoir les mêmes angles que ceux du menuisier.
b. Observe l'un des angles de ton fichier de mathématiques. Coche la photo qui correspond à cet angle.

J'applique

2 Dessine un carré dans les angles droits de ces équerres (aide-toi de ton équerre ou d'un gabarit).
Exemple :

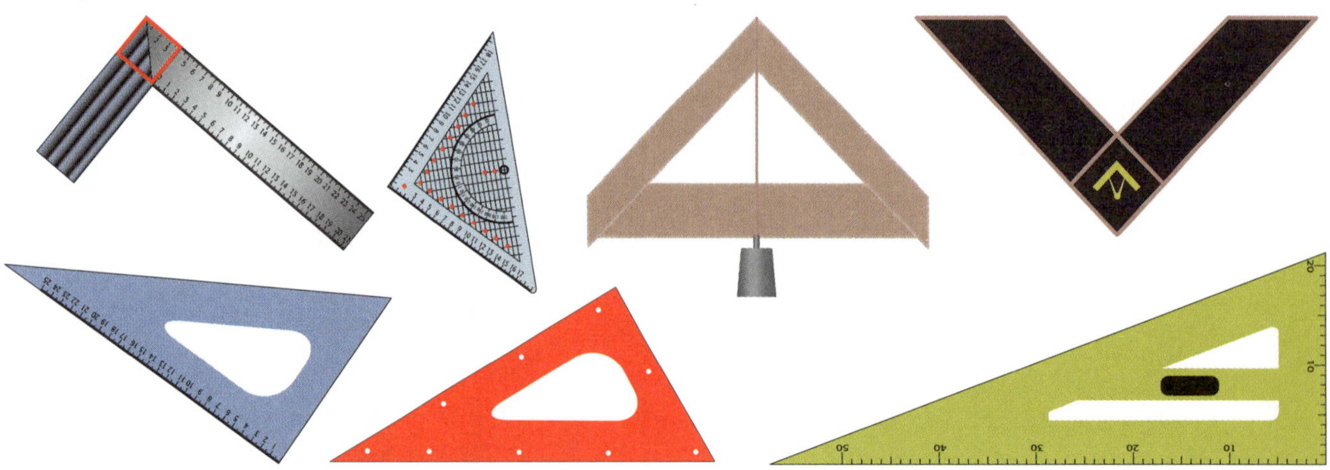

3 Sur quel dessin ton équerre (ou ton gabarit) se superpose-t-elle exactement ? Entoure l'angle correspondant.

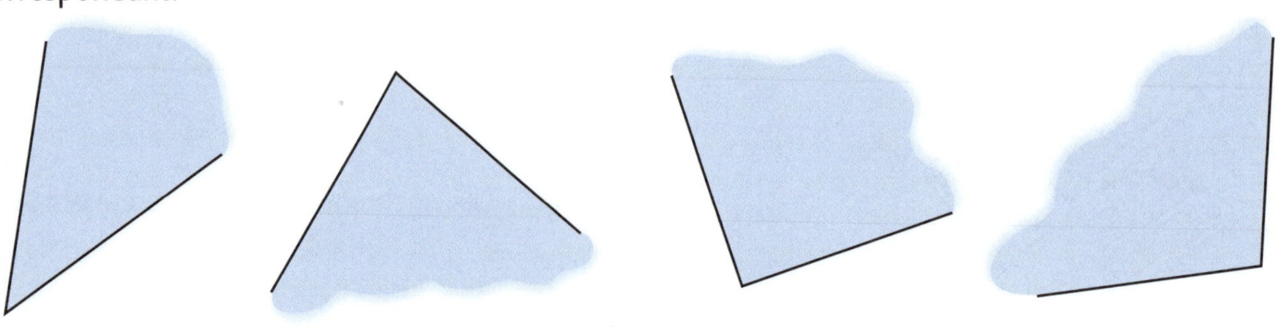

Tables de 2 et de 4 : annoncer 2 fois 3 égalent … Écrivez le résultat sur l'ardoise.
Annoncer 4 multiplié par … égalent 24. Écrivez le nombre manquant sur l'ardoise.

Je m'entraîne

4 Dessine un carré rouge dans chaque angle droit. Exemple :

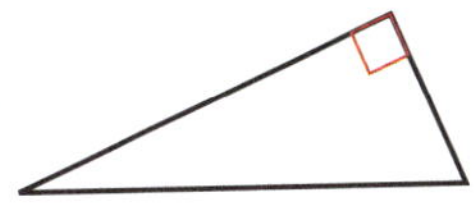

5 À l'aide de ton équerre, dessine trois angles droits.

6 Complète le dessin de la ruche en traçant des angles droits comme sur le modèle.

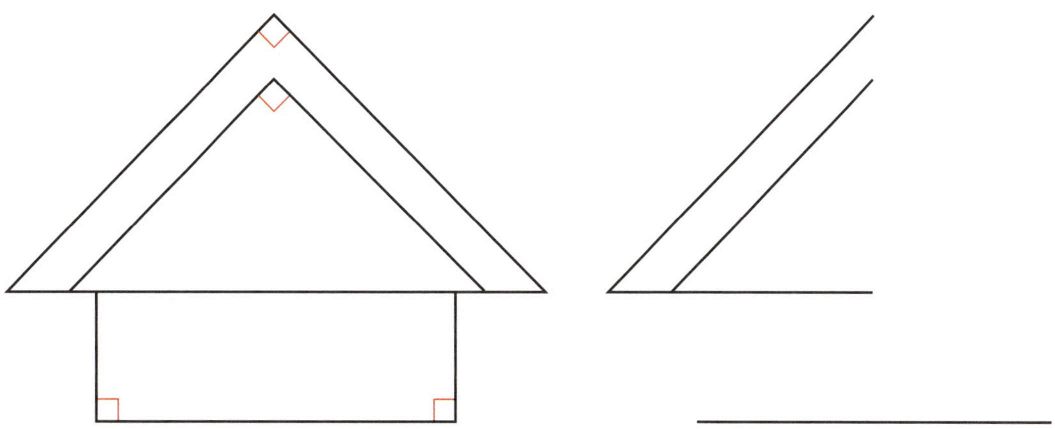

7 **Défi** À l'aide de ton équerre, trace une figure avec exactement quatre angles droits.

42 La multiplication posée (1)

Je construis la technique opératoire de la multiplication

Je découvre

Observe comment Fatou a posé la multiplication 47 × 2 pour calculer plus facilement.

```
   40 +  7
×        2
---------
        14
+       80
---------
        94
```

47 = 40 + 7
2 fois 47, c'est 2 × 7 + 2 × 40.

2 fois 7 égalent 14.
2 fois 40 égalent 80.

Je fais l'addition : 14 plus 80 égalent 94.

J'applique

1 Complète pour calculer comme Fatou.

34 × 2

```
   ▢ + ▢
×      2
--------
   . . .
+  . . .
--------
   . . .
```

34 = ... + ...
2 × 34 = 2 × .... + 2 × ....
2 × .... = ...
2 × .... = ...
.... + ... = ...

63 × 2

```
   ▢ + ▢
×      2
--------
   . . .
+  . . .
--------
   . . .
```

63 = ... + ...
2 × 63 = 2 × .... + 2 × ....
2 × .... = ...
2 × .... = ...
.... + ... = ...

2 Complète pour calculer comme Fatou.

25 × 3

```
   ▢ + ▢
×      3
--------
   . . .
+  . . .
--------
   . . .
```

25 = ... + ...
3 × 25 = 3 × .... + 3 × ....
3 × .... = ...
3 × .... = ...
.... + ... = ...

14 × 5

```
   ▢ + ▢
×      5
--------
   . . .
+  . . .
--------
   . . .
```

14 = ... + ...
5 × 14 = 5 × .... + 5 × ....
5 × .... = ...
5 × .... = ...
.... + ... = ...

Annoncer *3 fois 20* ou *20 multiplié par 3*, par exemple.
Écrivez le résultat sur l'ardoise.

Je m'entraîne

3 Complète.

36 × 2

30 + 6
× 2
. . .
\+ . . .
. . .

2 × 6
2 × 30

19 × 5

10 + 9
× 5
. . .
\+ . . .
. . .

5 × ....
5 × ....

53 × 4

50 + 3
× 4
. . .
\+ . . .
. . .

4 × ....
4 × ....

4 Pose les multiplications.

21 × 4

☐ + ☐
× ☐
. . .
\+ . . .
. . .

....
....

32 × 5

☐ + ☐
× ☐
. . .
\+ . . .
. . .

....
....

57 × 2

☐ + ☐
× ☐
. . .
\+ . . .
. . .

....
....

5 Combien de petits soldats Lucas a-t-il ?

☐ + ☐
× ☐
. . .
\+ . . .
. . .

....
....

Lucas possède .... petits soldats.

6 **Défi** Jocelin, Thomas, Céline et Téa ont reçu chacun de leur grand-mère un porte-monnaie contenant 35 euros.
Combien d'euros leur grand-mère a-t-elle utilisés pour remplir les 4 porte-monnaie ?

☐ + ☐
× ☐
. . .
\+ . . .
. . .

....
....

....

43 Calculer en ligne (4)

Je sais simplifier des opérations en ligne pour calculer plus facilement

Je découvre

1 Christian a vendu des jouets au vide-grenier. Il a écrit le montant de toutes ses ventes : 15 € + 8 € + 7 € + 6 € + 6 € + 6 € + 6 € + 6 €. Il avait déjà 47 euros dans sa tirelire. Combien d'euros a-t-il maintenant ? Écris l'opération et calcule.

....

....

....

....

J'applique

2 Réécris les additions et calcule. Choisis bien l'ordre des nombres pour faciliter tes calculs.

8 + 9 + 4 + 2 + 6 + 7 + 1	..... + ... + ... + ... + ... + ... + ... = ...
1 + 15 + 7 + 3 + 5	..... + ... + ... + ... + ... = ...
12 + 4 + 7 + 16 + 8 + 3	..... + ... + ... + ... + ... + ... = ...
19 + 5 + 7 + 31 + 3	..... + ... + ... + ... + ... = ...
3 + 48 + 17 + 16 + 2	..... + ... + ... + ... + ... = ...

3 Simplifie à l'aide d'une multiplication et calcule sans poser.

63 + 8 + 8 + 8 + 8 + 8	→	Je dois ajouter 5 fois 8 = 40	→	63 + 40 = 103
49 + 6 + 6 + 6 + 6 + 6	→	Je dois ajouter 5 fois ..... = ...	→	..... + ... = ...
182 – 5 – 5 – 5 – 5	→	Je dois enlever ..... fois ..... = ...	→	..... – ..... = ...

4 Simplifie à l'aide d'une multiplication et calcule sans poser.

415 + 9 + 9 + 9 + 9 + 9	→	Je dois ajouter ..... fois ..... = ...	→	415 + ... = ...
8 + 8 + 126 + 8 + 8 + 8	→	Je dois .... 5 fois ..... = ...	→	...... + ... = ...
334 – 3 – 3 – 3 – 3	→	Je dois enlever ..... fois ..... = ...	→	...... – ...... = ...
387 – 5 – 5 – 5 – 5 – 5 – 5	→	Je dois .... fois ..... = ...	→	...... – ...... = ...

Annoncer *32 – 19* ou *32 + 19*, par exemple.
Écrivez le résultat sur l'ardoise.

Je m'entraîne

5 Réécris l'addition et calcule.

21 + 19 + 66	.... + ... = ...	45 + 27 + 13	.... + ... = ...
7 + 33 + 24	.... + ... = ...	34 + 14 + 26	.... + ... = ...

6 Il y a 148 livres dans la bibliothèque de classe. Sept élèves empruntent deux livres chacun. Combien de livres reste-t-il dans la bibliothèque ?

....

....

7 Il y a 36 stylos de couleurs différentes dans une boîte. Le maître donne un stylo bleu et un stylo rouge à six élèves. Combien de stylos reste-t-il dans la boîte ?

....

....

8 Les élèves jouent avec un jeu de 54 cartes. Paul a distribué 8 cartes aux 4 joueurs. Combien de cartes reste-t-il dans la pioche ?

....

....

....

9 **Défi** Deux écoles participent à la fête du sport.
102 élèves sont déjà sur le stade.
Quatre classes vont arriver :
– la classe de CM2 (27 élèves) ;
– la classe de CM1 (19 élèves) ;
– la classe de CE2 (28 élèves) ;
– la classe de CE1 (23 élèves).
Combien d'élèves participent cette année à la fête du sport ?

....

....

....

....

44 Raisonner en mathématiques (2)

Je résous des problèmes non numériques

Je découvre

1 Voici des portraits de Jojo 007, le célèbre agent secret. Jojo 007, c'est le roi du déguisement !

Trouve une nouvelle tête pour que Jojo 007 ne se fasse pas repérer.
Complète son portrait : tu peux utiliser les cheveux blonds, les cheveux roux, les lunettes, la moustache.

J'applique

2 Colorie les maillots en utilisant toujours trois couleurs : jaune, rouge, vert.

Colorie les bandes pour dessiner tous les maillots possibles.

Je m'entraîne

3 Pour fabriquer des bagues, Sophie utilise des anneaux en or ou en argent et des pierres précieuses (vertes, rouges, bleues ou roses). Trouve toutes les bagues différentes qu'elle peut obtenir en les dessinant dans le tableau et en coloriant.

Jéopardy : mon résultat est égal à 20.
Écrivez sur l'ardoise trois opérations utilisant un signe différent.

4 Simon le dompteur veut faire marcher ses sept oiseaux les uns derrière les autres.

Lis les renseignements et range les animaux dans l'ordre de la parade.

- *L'autruche n'a personne derrière elle.*
- *Le cygne voit trois animaux devant lui.*
- *Le coq n'est pas devant le cygne.*
- *Le canard suit le coq.*
- *Le hibou n'est pas le premier.*

	la cigogne					

5 Éric a construit une pyramide à trois étages. Il veut construire une pyramide à dix étages. Combien de briques va-t-il utiliser ?

....

....

....

6 **Défi** Place les symboles dans la grille.

Chaque ligne et chaque colonne doivent contenir les quatre symboles.

45 Doubles et moitiés

Je calcule des doubles et des moitiés

1 Colorie d'une même couleur les étiquettes qui ont la même valeur.

double de 9 | 10 | 2 × 7 | 9 + 9 | 5 + 5 | 7 + 7 | 18 | 8

double de 7 | 2 × 5 | double de 4 | double de 5 | 14 | 9 × 2

2 Dans le furet des doubles, chaque nombre est le double du précédent. Écris ces nombres.

5 — .... — .... — .... — .... — ....

30 — .... — .... — .... — ....

50 — .... — .... — .... — ....

3 Quel est le double de 35 ? Complète l'explication de Chloé.

Le double de 5 unités, c'est 10 unités, donc 1 dizaine.
Le double de 3 dizaines, c'est 6 dizaines.
Ce qui fait en tout ...... dizaines. Donc le double de 35, c'est ....

4 Complète.

Le double de 1 dizaine et 5 unités, c'est ....

Le double de 2 dizaines et 5 unités, c'est ....

Le double de 6 dizaines et 5 unités, c'est ....

5 Complète le tableau des doubles.

Aide-toi de ce tableau pour répondre à l'exercice 6.

	10	15	20	25	30	50	60	75	100	250	500
Les doubles	20	30	.....	.....	.....	.....	.....	.....	.....	.....	.....

6 Coline prépare une pâte à crêpes. Elle souhaite doubler les quantités prévues dans la recette. Complète le tableau des dosages de Coline.

Quantités de la recette	250 grammes de farine	3 œufs	25 grammes de beurre	50 centilitres de lait	75 grammes de sucre
Double des quantités	....	....	....	....	....

Doubles et moitiés : demander le double de nombres inférieurs à 10 et la moitié de nombres inférieurs à 20. Écrivez le résultat sur l'ardoise.

7 Raoul a mis 15 minutes pour faire ses devoirs.
Richard a mis deux fois plus de temps que Raoul.
Ludovic a mis deux fois plus de temps de Richard.
Frédéric a mis deux fois plus de temps que Ludovic.
Complète le tableau des temps de travail de chacun.

		Raoul	Richard	Ludovic	Frédéric
Durées	En minutes	15	....	....	....
	En heures	0 h 15	....	....	....

8 Complète les phrases.

La moitié de 10, c'est ....
La moitié de 50, c'est ....
La moitié de 100, c'est ....
La moitié de 500, c'est ....
La moitié de 20, c'est ....
La moitié de 60, c'est ....
La moitié de 200, c'est ....
La moitié de 1 000, c'est ....

9 Monsieur Meunier a dormi une heure. Son frère Jacques a dormi la moitié de ce temps.
Colas, mon petit frère, a dormi la moitié du temps de Jacques.
Combien de temps chacun a-t-il dormi ?
Complète le tableau en minutes.

Prénoms	M. Meunier	Jacques	Colas
Durées (en minutes)	....	....	....

10 Mlle Éco Noémie achète tout par moitié.
Complète le tableau en écrivant les quantités qu'elle prend.

	100 grammes de pain	12 œufs	50 noix	100 grammes de fromage
Moitié des quantités	....	....	....	....

11 Lors d'une course, Oscar mon escargot s'est arrêté à la moitié du chemin. La piste mesurait 1 mètre. Quelle distance Oscar a-t-il parcourue ?

....

46 Les figures planes

Je décris, reproduis et trace un carré, un rectangle et un triangle rectangle

Je découvre

Exemple :

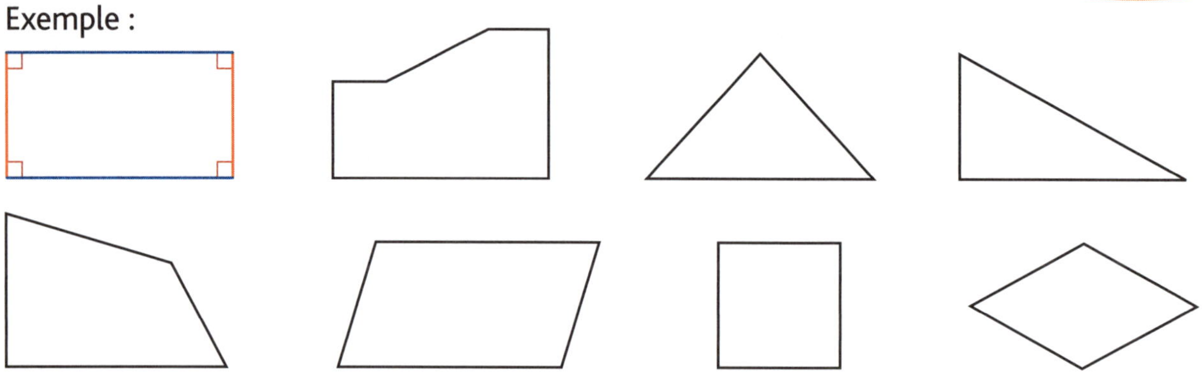

1 Dessine un carré rouge dans chaque angle droit, comme sur l'exemple.

2 Dans chaque figure, colorie d'une même couleur les côtés qui ont la même mesure comme sur l'exemple. Aide-toi de ta règle graduée.

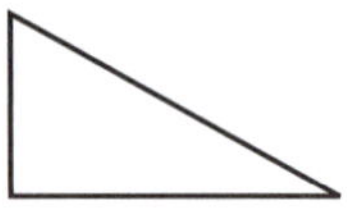

3 Décris cette figure. Attention ! Tu n'as pas le droit d'utiliser les mots *rectangle* et *triangle*.

....

....

J'applique

4 Barre les triangles qui ne sont pas des triangles rectangles.

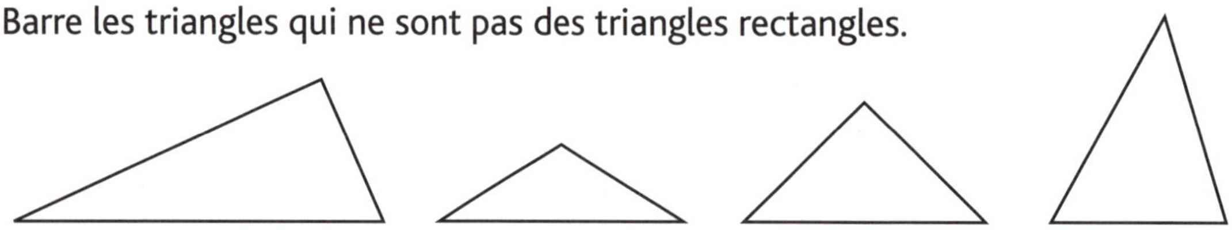

5 Complète le tableau.

	Carré	Rectangle	Triangle rectangle
Nombre de côtés	....	....	....
Nombre de sommets	....	....	....
Nombre d'angles droits	....	....	....

Doubles et moitiés : demander le double de 15, 45, 20…
Écrivez le résultat sur l'ardoise.

Je m'entraîne

6 Complète chaque figure pour obtenir un triangle rectangle, un rectangle et un carré.

7 Reproduis la figure.

8 Trace un rectangle de 4 cm de largeur par 8 cm de longueur. Trace 1 trait de plus pour obtenir 2 triangles rectangles.

9 **Défi** Trace le moins de traits possible pour obtenir 1 carré et 4 triangles rectangles.

47 Comparer des masses

J'utilise des outils pour comparer des masses

Je découvre

1 Tu vois que cette balance n'est pas équilibrée.
Quel est le plateau le plus lourd ?

....

Que se passe-t-il si les plateaux portent la même masse ?

....

....

2 Observe ces deux balances.

Combien de grammes a-t-on posé sur la deuxième balance pour qu'elle soit équilibrée ?

....

1 kilogramme est égal à .... grammes. On peut aussi écrire 1 kg = ... g.

J'applique

3 Quel est l'objet le plus lourd : le melon, la boule de pétanque ou le ballon ?

.... *est le plus lourd des trois.*

4 Écris la masse de chaque objet.

....

....

....

Énoncer des problèmes de moitié du type : Rachida a huit bonbons. Elle les partage équitablement avec Lisa. Combien de bonbons a chacune d'elles ?

Je m'entraîne

5 Regroupe les masses pour faire des paquets de 1 kg.

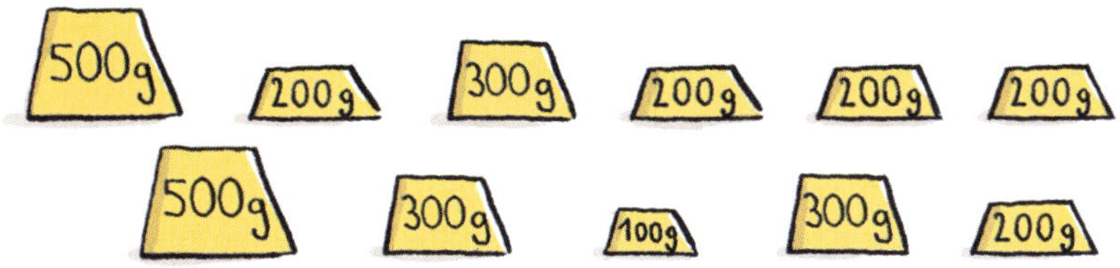

Quelle est la masse totale de ces poids ? ....

6 Observe les balances et classe ces fruits du plus léger au plus lourd.

....

....

7 Pour faire son pain, M. Hamet a besoin de 1 kg de farine. Il n'en a que 300 g.
Quelle quantité lui manque-t-il ?

....

8 Sara achète un sac d'oranges de 2 kg 800 g. Le marchand ajoute deux oranges de 200 g chacune. Quelle masse Sara rapporte-t-elle chez elle ?

....

....

....

9 Idrissa cueille 3 kg de cerises. Il en mange en chemin. En rentrant chez lui, il n'en a plus que 2 kg 800 g.
Quelle masse de cerises a-t-il mangée ?

....

....

....

10 **Défi** Équilibre les plateaux de la balance en utilisant tous les poids proposés. Dessine-les sur les plateaux de la balance.

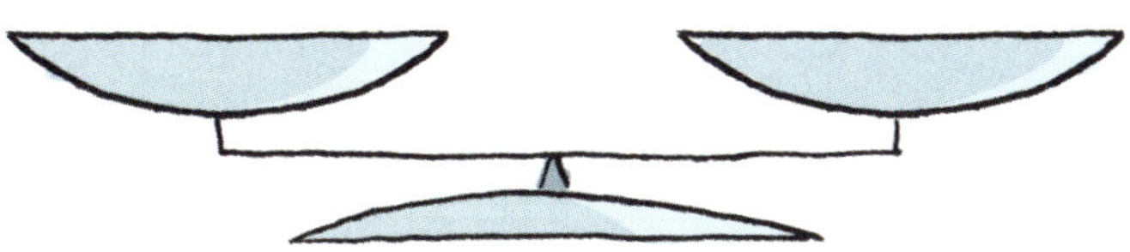

48 Résoudre des problèmes de tracés

J'observe et je reproduis des figures complexes

Je découvre

1 Observe bien le modèle de l'œuf et dessine un carré rouge à chaque angle droit. Reproduis le modèle.

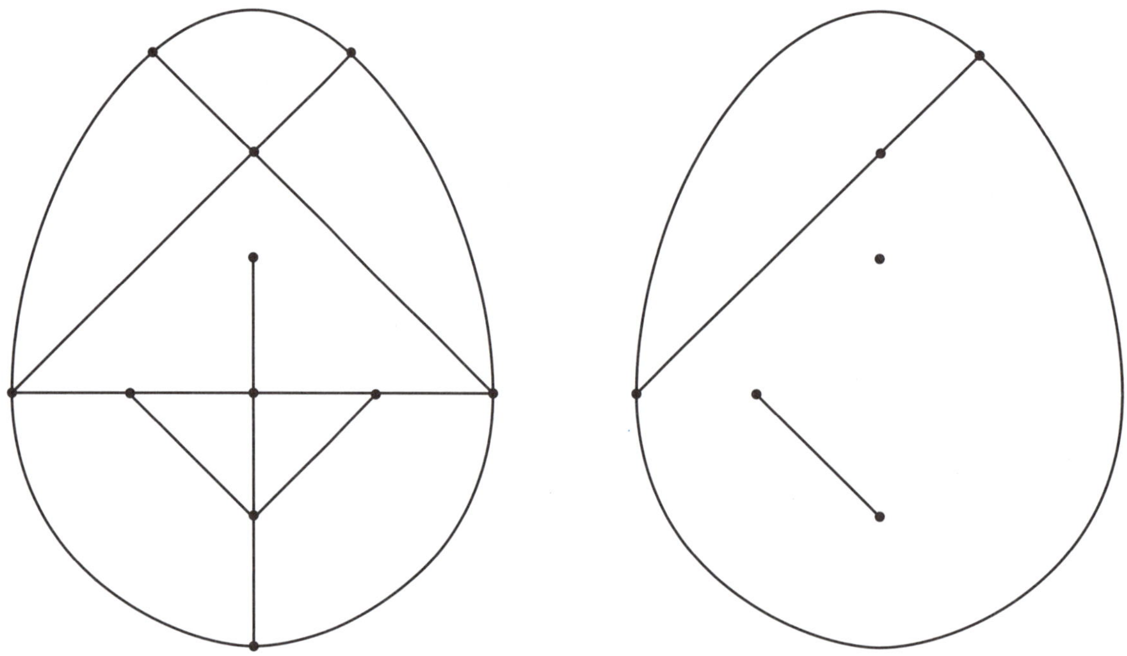

J'applique

2 Observe le modèle et dessine un carré rouge à chaque angle droit. Reproduis le modèle.

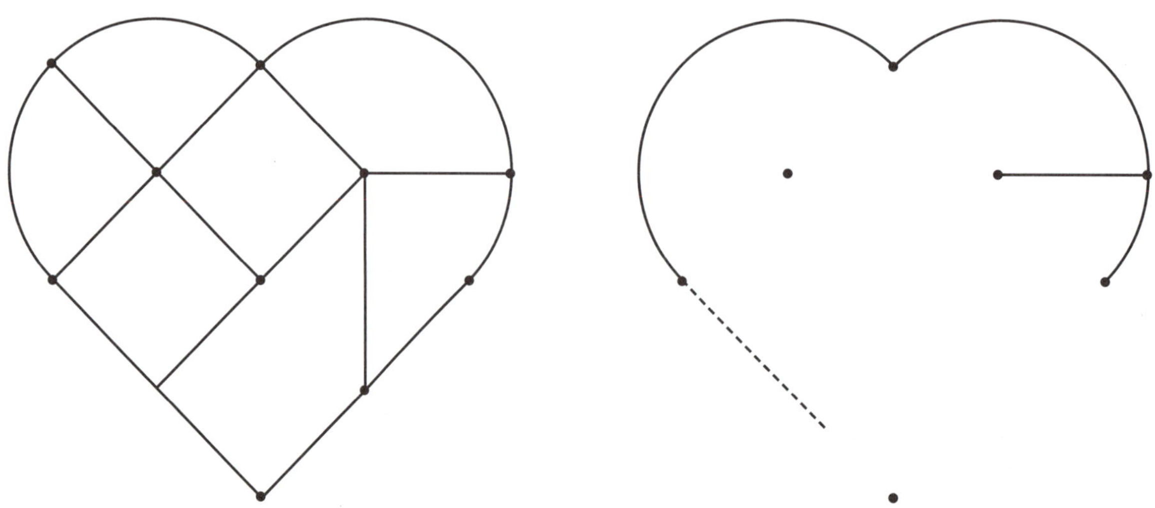

Jeu de la grille : demander aux élèves de dessiner sur leur ardoise une grille comprenant les nombres de 1 à 9. Lancer deux dés et annoncer le résultat (par exemple 2 et 5).
Barrez dans la grille une ou plusieurs cases dont la somme est égale à 5 + 2.

Je m'entraîne

3 Observe le modèle et dessine un carré rouge à chaque angle droit. Reproduis le modèle.

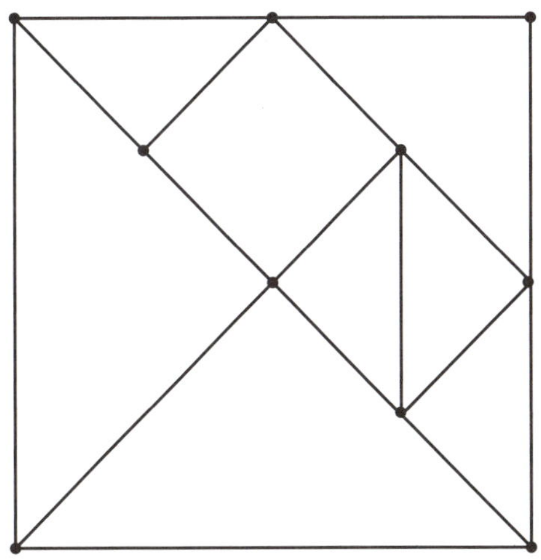

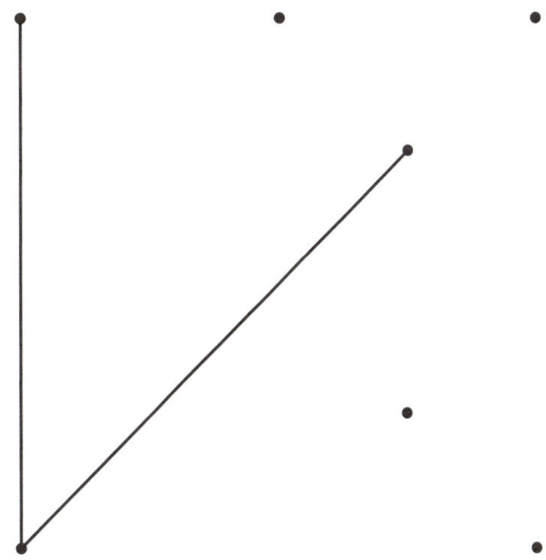

4 Observe et reproduis le dessin.

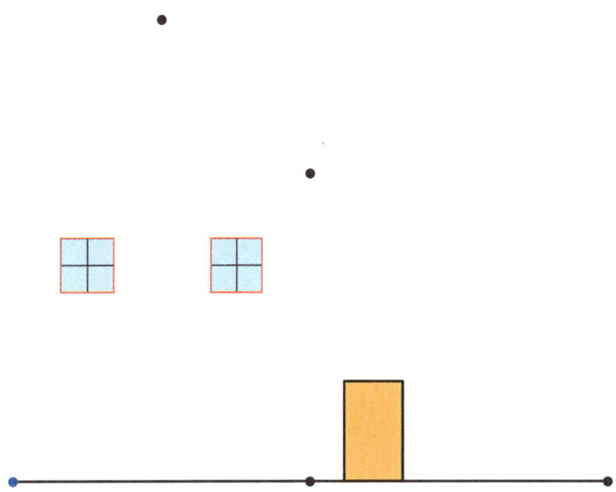

5 **Défi** Observe et reproduis le dessin.

Je fais le bilan

1 Complète.

.... = 2 centaines + 18 unités

.... = 15 dizaines + 4 unités

915 = ... centaines + ... unités

432 = ... centaines + ... unités

.... = 4 centaines + 3 dizaines + 1 unité

.... = 2 centaines + 9 dizaines

326 = ... centaines + ... dizaines + ... unités

410 = ... dizaines

2 Complète.

381 = 300 + ... + 1

164 = ... + ... + ...

572 = ... + 70 + 2

319 = ... + ... + ...

3 Calcule.

34 × 2 = [.... × ....] + [.... × ....]

34 × 2 = [......] + [......]

34 × 2 = [......]

25 × 3 = [.... × ....] + [.... × ....]

25 × 3 = [......] + [......]

25 × 3 = [......]

4 Colorie d'une même couleur les étiquettes qui ont la même valeur.

double de 15 | moitié de 100 | moitié de 1 000 | 15 + 15 | 50

30 | double de 25 | 2 × 250 | moitié de 60

25 × 2 | 500 | 15 × 2

5 Trouve cinq angles droits dans ce dessin. Signale-les par un carré rouge.

6 Dessine les fils qui relient les formes au plafond en traçant des angles droits.

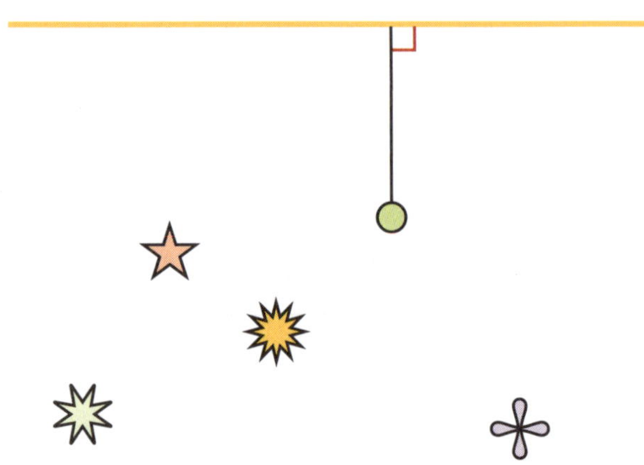

7 Calcule en ligne.

7 + 6 + 9 + 3 + 5 + 4	....
152 + 6 + 6 + 6 + 6	....
14 + 25 + 46	....
422 + 9 + 9	....
95 – 29	....
230 – 5 – 5 – 5 – 5	....

8 Calcule.

21 × 4

×

\+

53 × 2

×

\+

29 × 5

×

\+

9 Décris la figure et nomme-la.

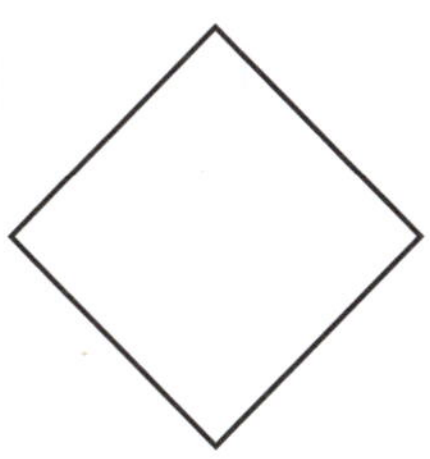

Cette figure possède ....

....

C'est un ....

10 Reproduis la figure de l'exercice 9.

11 Martine fait son marché. Elle achète 600 g de pommes, 300 g de prunes, 500 g de poires et 200 g de figues. Quelle est la masse contenue dans son panier ?

....

....

12 Complète les égalités.

2 × 5 = ...   6 × 4 = ...   2 × .... = 18   .... × 4 = 20

9 × .... = 36   4 × 7 = ...   4 × .... = 32

Perles et pierres

Perle naturelle et perle de culture

Au départ, la perle est une ressource naturelle…
Elle provient d'un grain de sable ou d'une poussière qui entre par hasard dans un coquillage. En réaction, le coquillage fabrique une substance qui enrobe le grain de sable et le transforme petit à petit en perle.
La perle de culture est fabriquée de la même manière par le coquillage, mais c'est l'homme qui introduit le grain de sable dans l'animal !

1 Le bijoutier et l'ostréiculteur

Un bijoutier se rend chez un ostréiculteur pour acheter des perles. Il a 250 euros dans sa poche. L'ostréiculteur vend chaque perle 50 euros.
Combien de perles le bijoutier peut-il acheter ?

…………………………………………………………

…………………………………………………………

…………………………………………………………

Les diamants sont des pierres précieuses…

Certaines pierres sont dites précieuses en raison de leur rareté, leur beauté, leur dureté et leur résistance. Émeraude, saphir, rubis : tu as peut-être déjà entendu l'un de ces mots. Ils désignent des pierres précieuses que l'on peut voir sur les bagues, les pendentifs et les boucles d'oreilles.
Le diamant est la plus connue des pierres précieuses.

précieuses

2 Colorie ta pierre précieuse…

Colorie les facettes des pierres précieuses en utilisant le moins de couleurs possible.
Attention ! Deux facettes qui se touchent ne doivent pas avoir la même couleur.

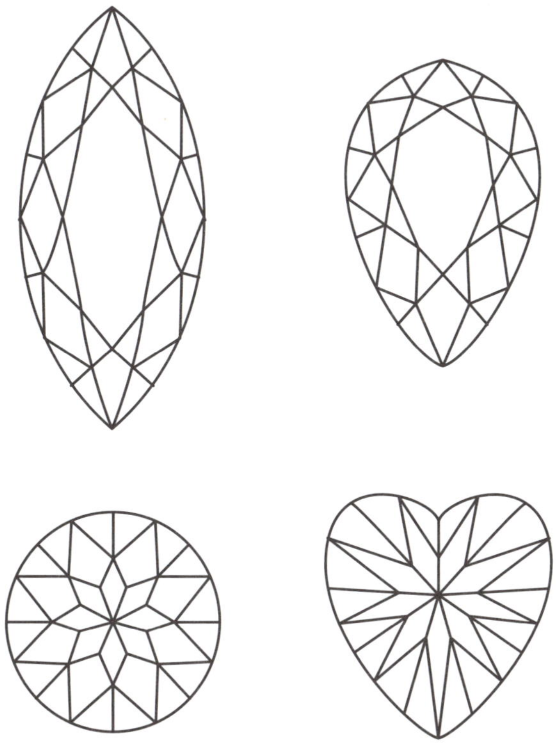

3 … et compte ses carats !

On exprime le poids des pierres précieuses en carats. Pour faire 1 gramme, il faut 5 carats.

Quelle est la masse en carats :

– d'une émeraude de 6 grammes ?

....

....

– d'un rubis de 9 grammes ?

....

....

4 Cambriolage à la bijouterie

Le journal de la Tribu

Cambriolage à la bijouterie

Hier, à 8h30, au moment où il ouvrait sa boutique, le bijoutier de la rue Ducasse s'est aperçu que bon nombre de ses bijoux avient été dérobés.
Pour l'instant, on ne sait pas exactement combien mais on s'attend à un nombre important, sachant que ce cambriolage pourrait être l'œuvre de Joe Hallier…

Avant le cambriolage, le bijoutier avait :
- 22 bagues avec diamants et il ne lui en reste plus que 3 ;
- 31 bracelets et il ne lui en reste plus que 14 ;
- 14 perles naturelles et il ne lui en reste plus que la moitié.

• Calcule le nombre de bagues qui ont disparu.

....

• Calcule le nombre de bracelets et de perles qui ont disparu.

....

• Au total, combien d'articles ont été dérobés ?

....

49 Diviser par 2 ou par 5

J'apprends à partager par 2 et par 5

Je découvre

1 Fatou a 46 bonbons. Elle les partage en deux sachets contenant une quantité égale. Combien de bonbons contient un sachet ? Tu peux t'aider en dessinant.

Vérifie avec ta calculatrice en multipliant le nombre de sachets par le nombre de bonbons contenus dans un sachet.

2 Max a 65 bonbons. Il les partage en sachets de 5 bonbons. Combien de sachets de 5 bonbons a-t-il en tout ? Tu peux t'aider en dessinant.

Vérifie le résultat avec la calculatrice.

J'applique

3 Lucas partage 45 bonbons en 5 sachets. Combien de bonbons y a-t-il dans chaque sachet ? Tu peux t'aider en dessinant.

Jéopardy : mon résultat est égal à 20.
Écrivez sur l'ardoise une multiplication égale à 20.

4 Fatou partage 55 bonbons en sachets de 5 bonbons. Combien de sachets de bonbons a-t-elle ? Tu peux t'aider en dessinant.

....
....
....
....

Je m'entraîne

5 Complète les multiplications.

5 × .... = 15 5 × .... = 25 5 × .... = 50 5 × .... = 40 5 × .... = 35

2 × .... = 4 2 × .... = 12 2 × .... = 20 2 × .... = 16 2 × .... = 18

6 Complète les phrases puis calcule. Vérifie le résultat avec la calculatrice.

65 ÷ 5	*65 = 50 + 15 ; donc 65 c'est 10 fois 5 et encore 3 fois 5.*	65 ÷ 5 = ...
80 ÷ 5	*80 = 50 + ... ; donc 80 c'est 10 fois 5 et ....*	80 ÷ 5 = ...
95 ÷ 5	*95 = 50 + ... ; donc 95 c'est ....*	95 ÷ 5 = ...

7 Colorie d'une même couleur les étiquettes ayant la même valeur.

40 divisé par 2 | moitié de 14 | 50 | moitié de 40 | 100 partagé en 2

20 | 14 divisé par 2 | 100 divisé par 2 | 7 | 40 partagé en 2

8 Marjorie et Hélène se partagent une tablette de chocolat de 200 grammes. Quelle masse de chocolat a chacune d'elles ?

....
....
....

9 Un chocolatier a 90 chocolats. Il les range dans des boîtes de 5. Combien de boîtes remplit-il ?

....
....
....

10 **Défi** Un fleuriste a 100 fleurs. Il fait des bouquets de 5 fleurs. Il partage les bouquets entre deux clients. Combien de bouquets a chaque client ?

....
....
....

50 Organiser et gérer des données (2)

Je sais lire et utiliser les données d'un graphique

Je découvre

Chloé a mesuré la température extérieure tous les jours de la semaine, à midi.

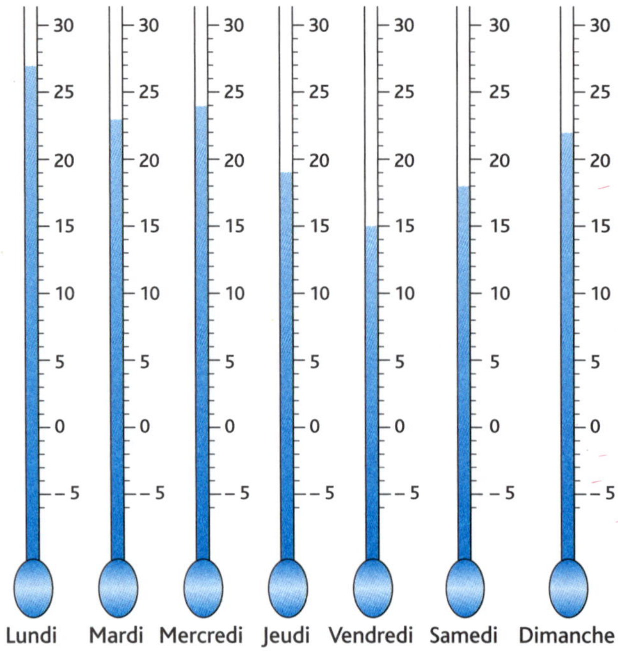

1 Quel jour a-t-il fait le plus chaud ? ....

Quel jour a-t-il fait le plus froid ? ....

Quel jour a-t-il fait 24 degrés ? ....

Combien de jours la température est-elle restée en dessous de 20 degrés ? ....

2 Complète le tableau.

	Température
Lundi	27 degrés
Mardi	23 degrés
Mercredi	
Jeudi	
Vendredi	
Samedi	
Dimanche	

J'applique

3 Sophie a compté et classé les livres dans la bibliothèque de la classe.
Complète en t'aidant du graphique.

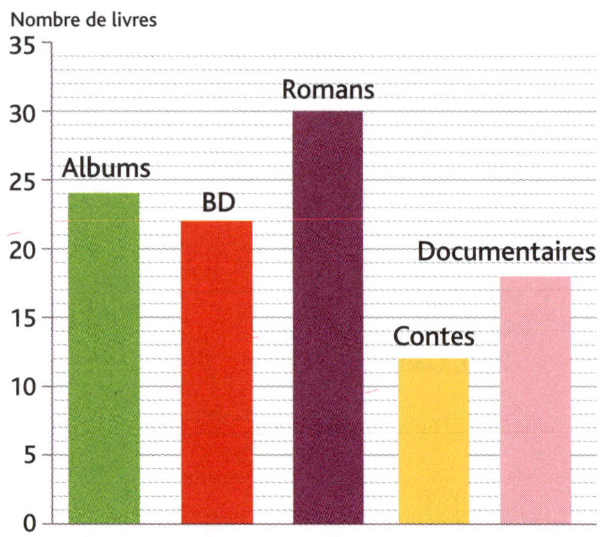

Il y a 24 albums.

Il y a .... BD.

Il y a 12 ....

Il y a .... documentaires.

Il y a 30 ....

Combien de livres y a-t-il en tout ?

....

....

....

Je m'entraîne

4 Lors de leur visite de la ferme, les élèves ont compté les animaux. Complète le tableau en t'aidant du graphique.

Animal	Nombre

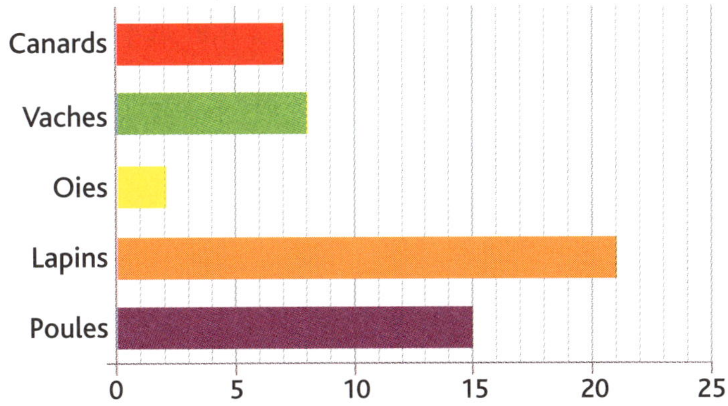

5 Complète le texte en t'aidant du graphique.

Cet été, ... élèves sont partis à la montagne.
.... élèves sont allés à la campagne.
.... élèves sont restés à la maison.
Les .... derniers sont allés à la mer.

Combien d'élèves y a-t-il en tout ?

....

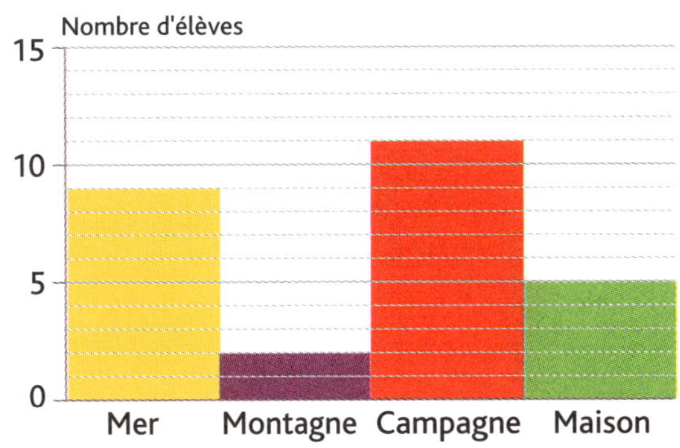

6 Coche les bonnes réponses en t'aidant du graphique.

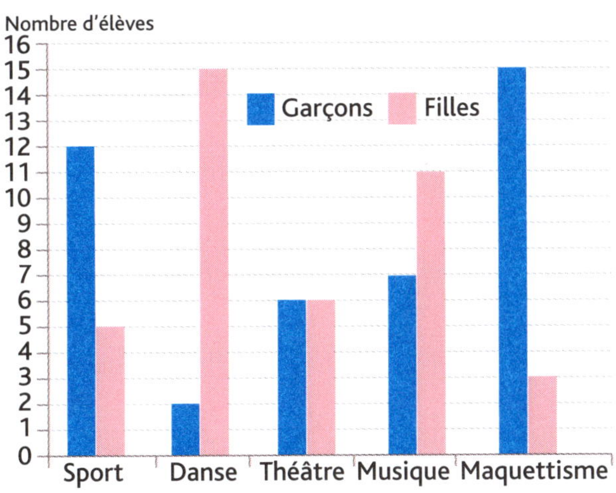

	Vrai	Faux
Il y a plus de garçons que de filles en musique.	☐	☐
Il y a autant de garçons en musique qu'en maquettisme.	☐	☐
Dans l'une des activités, il y a autant de garçons que de filles.	☐	☐

7 **Défi** Complète le tableau en t'aidant du graphique de l'exercice 6.

Activités	Sport	Danse	Théâtre	Musique	Maquettisme	Total
Nombre de garçons				7		
Nombre de filles	5				3	

51 Les nombres jusqu'à 999 (4)

Je m'entraîne à écrire, comparer, ranger et décomposer des nombres

1 Écris les nombres en chiffres.

cent quarante-sept : ....
deux cent seize : ....
cinq cent soixante : ....
quatre-vingt-dix-huit : ....
huit cent trente-deux : ....
quatre cent dix-huit : ....
six cent soixante-dix-neuf : ....
cent vingt-quatre : ....
trois cent neuf : ....
cent dix : ....
neuf cents : ....
cent neuf : ....

2 Colorie les nombres où le chiffre 4 se dit « quatre ».

641 504 374 954 491 314

3 Écris les nombres en mots. Aide-toi des mots de l'exercice 1.

170 : .... 648 : ....
297 : ....

4 Entoure en rouge le chiffre des dizaines. Entoure en bleu le chiffre des unités.

459 91 100 205 36 724

5 Range les prix du plus petit au plus grand.

.... < .... < .... < ....

6 Complète les nombres avec le chiffre manquant. Indique par une flèche les nombres sur la droite.

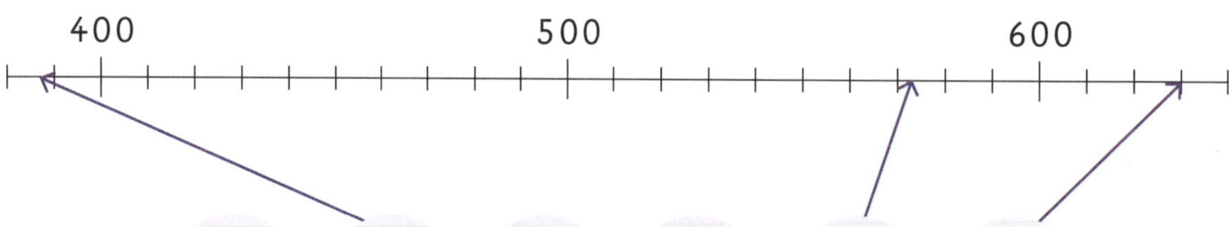

520 .87 549 625 5.2 63.

7 Complète par le signe < (est plus petit que) ou > (est plus grand que).

101 ◯ 908 678 ◯ 814 566 ◯ 665 500 ◯ 400
345 ◯ 354 220 ◯ 202 109 ◯ 190 283 ◯ 328

Soustractions et additions : annoncer *340 – 19* ou *45 + 29*, par exemple.
Écrivez le résultat sur l'ardoise.

8 La famille Verlaplage part de Paris pour passer ses vacances au bord de la mer. Place les villes dans l'ordre du voyage.
Écris leur nom sur les panneaux.

Villes	Distances de Paris
Marseille	750 km
Antibes	915 km
Auxerre	169 km
Beaune	312 km
Lyon	466 km
Mâcon	396 km
Valence	571 km

9 Complète les égalités.

649 = ... + 40 + 9
230 = ... + 30
.... = 800 + 20

572 = 500 + ... + 2
.... = 400 + 80 + 5
.... = 50 + 4

961 = ... + 60 + ...
.... = 300 + 5
.... = 6 + 30 + 200

10 Complète.

294 = ... centaines ..... dizaines ..... unités
960 = ... centaines ..... dizaines

817 = ... centaines ..... dizaine ..... unités
503 = ... centaines ..... unités

11 La maman de Noémie a acheté trois carnets de tombola. Il y a dix tickets dans chaque carnet.
a. Écris le numéro de chaque ticket contenu dans les carnets.

Carnet bleu : ....
Carnet vert : ....
Carnet rose : ....

b. Voici les numéros gagnants et les lots proposés :

n° 864 : caméra
n° 437 : appareil photo
n° 659 : ballon de football
n° 682 : vélo
n° 506 : sac de sport
n° 569 : serviette de bain

Quels lots ont été gagnés par la maman de Noémie ? ....

52 La multiplication posée (2)

Je construis la technique opératoire de la multiplication

Je découvre

Observe comment Max a posé la multiplication 43 × 2 pour calculer plus facilement.

	c	d	u
		4	3
×			2
			6
+		8	0
		8	6

43, c'est 4 dizaines et 3 unités.

2 fois 43, c'est 2 × 3 unités + 2 × 4 dizaines.

2 × 3 unités égalent 6 unités. J'écris 6 dans la colonne des unités.
2 × 4 dizaines égalent 8 dizaines. J'écris 8 dans la colonne des dizaines et 0 dans la colonne des unités.

Je fais l'addition : 6 plus 80 égalent 86.

J'applique

1 Calcule comme Max.

32 × 4

	c	d	u
		3	2
×			4
+			0

4 × 2 unités

4 × 3 dizaines

62 × 4

	c	d	u
		6	2
×			4
+			0

4 × 2 unités

4 × 6 dizaines

2 Calcule comme Max.

17 × 5

	c	d	u
		1	7
×			5
+			0

5 × .... unités

5 × .... dizaine

16 × 5

	c	d	u
		1	6
×			5
+			0

5 × ....

5 × ....

Je m'entraîne

3 Calcule.

41 × 2

	c	d	u
		4	1
×			2
+			0

2 × ....
2 × ....

52 × 4

	c	d	u
		5	2
×			4
+			0

4 × ....
4 × ....

4 Pose les multiplications et calcule.

71 × 5

	c	d	u
×			
+			0

....
....

68 × 2

	c	d	u
×			
+			0

....
....

5 Le maître a acheté 4 jeux de construction pour la classe. Chaque jeu coûte 25 euros. Quelle somme a-t-il payée ?

	c	d	u
×			
+			0

Le maître a payé .... euros.

6 **Défi** Pour traverser le désert, Ali a chargé 2 bidons de 165 litres d'eau sur son chameau. Quelle masse d'eau porte le chameau ?

	c	d	u
×			
I			0
+		0	0

Le chameau porte .... litres d'eau.

53 La multiplication posée (3)

Je comprends et j'utilise la technique opératoire de la multiplication

Je découvre

Pose l'opération 39 × 2 comme tu l'as appris.

	c	d	u
×			
+			0

Pour aller plus vite, voici comment Lucas a posé la multiplication.

	c	d	u	
		3	9	
×			2	~~1~~
		7	8	

1 Pourquoi Lucas a-t-il marqué 8 dans la colonne des unités ? ....

....

2 Pourquoi a-t-il marqué 7 dans la colonne des dizaines ? ....

....

3 Qu'a écrit Lucas dans le rond ? ....

4 Pourquoi a-t-il barré le 1 dans le rond après avoir écrit le 7 ? ....

....

5 Pourquoi l'addition que l'on pose entre les deux traits n'apparaît pas ?

....

J'applique

6 Calcule comme Lucas.

16 × 4

	c	d	u	
		1	6	
×			4	○

37 × 2

	c	d	u	
		3	7	
×			2	○

Énoncer des problèmes multiplicatifs et de partage du type :
– Il y a 10 bonbons à mettre dans des paquets de 5. Combien de paquets y a-t-il ?
– Il y a 3 paquets de 2 citrons. Combien de citrons y a-t-il ?

Je m'entraîne

7 Complète.

24 × 5

	c	d	u
		2	4
×			5
			○

27 × 4

	c	d	u
		2	7
×			4
			○

8 Pose les multiplications et calcule.

17 × 4

	c	d	u
×			
			○

62 × 2

	c	d	u
×			
			○

9 La maîtresse a acheté 4 boîtes de 35 punaises. Combien de punaises a-t-elle ?

	c	d	u
×			
			○

La maîtresse a .... punaises.

10 Calcule.

	c	d	u
	1	8	7
×			2
		○	○

11 **Défi** Marine a 16 ans et Sonia a 12 ans. Leur père, Kader, est 3 fois plus âgé que Marine. Leur mère, Maria, est 4 fois plus âgée que Sonia. Qui est le plus âgé : Kader ou Maria ?

	c	d	u
×			
			○

	c	d	u
×			
			○

....

La table de 3

Je connais les tables de multiplication

Je découvre

1 Aide-toi des tables de 2, 4 et 5 pour compléter la table de 3.

Table de 2	Table de 4	Table de 5	Table de 3
2 × 0 = 0	4 × 0 = 0	5 × 0 = 0	3 × 0 = ...
2 × 1 = 2	4 × 1 = 4	5 × 1 = 5	3 × 1 = ...
2 × 2 = 4	4 × 2 = 8	5 × 2 = 10	3 × 2 = ...
2 × 3 = 6	4 × 3 = 12	5 × 3 = 15	3 × 3 = ...
2 × 4 = 8	4 × 4 = 16	5 × 4 = 20	3 × 4 = ...
2 × 5 = 10	4 × 5 = 20	5 × 5 = 25	3 × 5 = ...
2 × 6 = 12	4 × 6 = 24	5 × 6 = 30	3 × 6 = ...
2 × 7 = 14	4 × 7 = 28	5 × 7 = 35	3 × 7 = ...
2 × 8 = 16	4 × 8 = 32	5 × 8 = 40	3 × 8 = ...
2 × 9 = 18	4 × 9 = 36	5 × 9 = 45	3 × 9 = ...
2 × 10 = 20	4 × 10 = 40	5 × 10 = 50	3 × 10 = ...

J'applique

2 Complète les multiplications.

3 × .... = ...

.... × .... = ...

3 × .... = ...

.... × .... = 30

3 Entoure le nombre de points correspondant à la multiplication puis complète la multiplication.

3 × 3 = ...

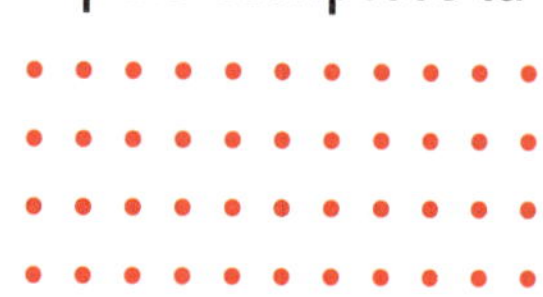

3 × 7 = ...

Jeu du furet : réciter de 3 en 3 dans l'ordre croissant (0, 3, 6) et décroissant (30, 27, 24). Continuez à tour de rôle.

Je m'entraîne

4 Complète les égalités.

3 × 6 = ...   3 × 9 = ...   3 × .... = 24   3 × .... = 0   3 × .... = 33

5 Colorie d'une même couleur les étiquettes ayant la même valeur.

3 × 2	17	3 × 7	2 + 2 + 2	37 – 16
2 × 3	7 + 7 + 7	4 + 4 + 1	3 × 3	21

6 Delphine habite un immeuble de 9 étages. Il y a 3 familles par étage. Combien de familles habitent cet immeuble ?

....

....

7 Pour faire un gilet, la maman de Charlène a acheté 3 pelotes de laine à 4 euros chacune. Quelle somme a-t-elle dépensée ?

....

....

8 Mathieu, Tom et Mathilde jouent aux cartes. Ils ont reçu 5 cartes chacun. Combien de cartes a-t-on distribuées en tout ?

....

9 Dans une corbeille à fruits, il y a 4 bananes et des mandarines. Il y a 3 fois plus de mandarines que de bananes.

Calcule le nombre de mandarines : ....

Calcule le nombre total de fruits dans la corbeille : ....

10 Monsieur Toupartrois possède 3 pièces de 2 euros, 3 billets de 5 euros et 3 billets de 10 euros. Pourra-t-il s'acheter une radio à 49 euros ?

....

....

....

11 **Défi** Un fleuriste a 30 fleurs. Il veut faire le même nombre de bouquets de 2 fleurs, de 3 fleurs et de 5 fleurs. Comment peut-il faire ?

....

....

....

....

55 Les opérations posées

Je m'entraîne à calculer en posant les opérations

1 Calcule les additions.

	3	5	2
+	2	1	4
+	2	3	1

	2	7	5
+	3	6	0
+	1	8	3

	4	1	8
+	4	5	2
+		2	3

		9	1
+	3	8	9
+		2	5

2 Pose les additions et calcule.

765 + 195

384 + 109 + 72

528 + 96 + 197

756 + 9 + 96

3 Pour aider les enfants malades, l'école de Sarnin a organisé une vente d'objets. Elle a récolté :
– 408 € en vendant des torchons ;
– 259 € en vendant des calendriers ;
– 168 € en vendant des tabliers.
Quelle somme l'école a-t-elle récoltée en tout ?

L'école a récolté .... euros.

4 Pose les multiplications et calcule.

34 × 4

43 × 5

125 × 3

La salade d'opérations : demander de calculer mentalement des opérations relevant des trois signes (+, –, ×). Écrivez le résultat sur l'ardoise.

5 Michel a acheté 4 boîtes de 65 perles. Il a tout utilisé pour faire un collier à sa mère. Combien de perles le collier a-t-il ?

×

Le collier a .... perles.

6 Calcule les soustractions.

	8	7	9
–	1	5	4

	9	6
–	2	8

	8	3	7
–	7	9	1

	4	8	0
–		5	6

7 Pose les soustractions et calcule.

434 – 162 | 728 – 523 | 948 – 529 | 356 – 78

	c	d	u
–			

	c	d	u
–			

	c	d	u
–			

	c	d	u
–			

8 Il y a 360 fauteuils dans la salle de cinéma. 172 personnes sont déjà assises. Combien de places libres reste-t-il ?

	c	d	u
–			

Il reste .... places libres.

9 Saloua a acheté 150 autocollants. Elle en a déjà utilisé 78. Combien d'autocollants reste-t-il ?

	c	d	u
–			

Il reste .... autocollants.

56 Longueurs et distances (3)

Je découvre la relation mètre / kilomètre

Je découvre

Sur une autoroute, on a installé des bornes tous les kilomètres et des pancartes tous les 100 mètres.

1 Quelle distance sépare la voiture rouge de la voiture violette ? Écris le résultat :

– en kilomètre : .... – en mètres : ....

1 kilomètre c'est .... mètres. On peut aussi écrire : 1 km = ... m.

J'applique

2 Complète les phrases.

La voiture bleue a parcouru .... depuis qu'elle est entrée sur l'autoroute.

La voiture verte a .... d'avance sur la voiture rouge.

Entre la voiture verte et la voiture bleue, il y a une distance de ....

3 Dessine une voiture noire 100 m derrière la voiture violette. Quelle distance la voiture noire a-t-elle parcourue ?

....

4 La voiture bleue roule 500 m de plus. Quelle distance a-t-elle parcourue ?

....

5 Alban roule depuis 17 km. Il lui reste 1 000 mètres à parcourir pour arriver chez sa tante.

Quelle distance aura-t-il parcourue ? ....

Je m'entraîne

6 Colorie d'une même couleur les distances qui font 1 km quand on les ajoute.
Exemple : 900 m et 100 m font 1 km.

100 m	800 m	500 m	700 m	400 m
600 m	900 m	200 m	300 m	

Table de 3 : annoncer 3 fois 5 égalent ... Écrivez le résultat sur l'ardoise.
Annoncer 3 multiplié par ... égalent 24. Écrivez le nombre manquant sur l'ardoise.

7 Pour aller chercher son pain, Jean-Marc doit parcourir 1 km à vélo. Au bout de 600 m, son pneu crève et il finit le trajet à pied. Quelle distance parcourt-il à pied ?

....

8 Après 6 km et 400 m de marche, Raphaël et Aurore lisent sur un panneau que leur randonnée se termine à 600 m. Quelle distance auront-ils parcourue à la fin de leur randonnée ?

....

9 Lors d'une course à pied, Aude doit courir 42 km. Elle a déjà parcouru 38 km et 500 m. Quelle distance lui reste-t-il à courir ?

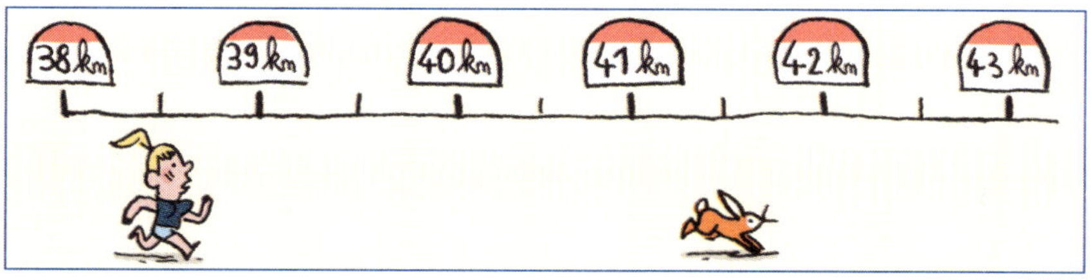

....

10 **Défi** Lors d'une course d'endurance, cinq enfants ont couru le même temps autour d'un stade de 200 mètres. Écris dans le tableau la distance parcourue par chaque enfant.

Participants	Nombre de tours	Distance parcourue
Lilou	4	....
Quentin	5	....
Willy	6	....
Nathalie	9	....
Lucas	10	....

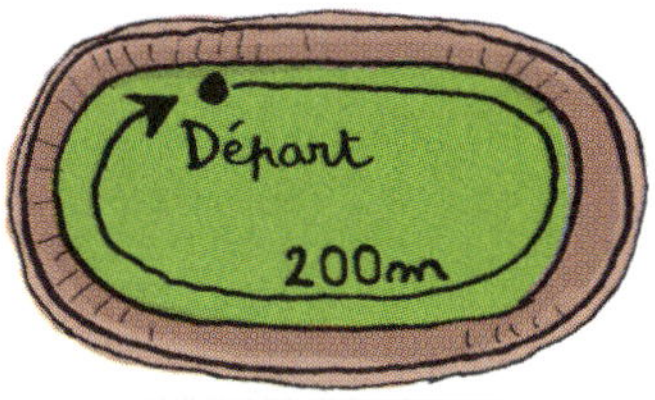

57 Résoudre des problèmes (1)

J'utilise la bonne opération pour résoudre un problème

1 Paul avait 6 billes dans son sac. Il a perdu 5 billes à la récréation. Combien de billes a-t-il maintenant ?

2 Éveline a 6 euros dans sa tirelire. Son grand-père lui donne 5 euros. Quelle somme a-t-elle maintenant ?

3 Éric a rempli 5 pages de son album de photographies. Il a collé 6 photos par page. Combien de photographies a-t-il dans son album ?

4 Leïla a acheté une boîte de 30 bonbons. Elle en a distribué 17 à ses copines. Combien de bonbons reste-t-il dans la boîte ?

5 Samuel monte au sommet de la tour de Pise. Il a déjà monté 146 marches. Il reste encore 148 marches. Combien de marches y a-t-il en tout ?

6 Léo a ramassé des œufs dans son poulailler. Il a rempli 8 boîtes de 6 œufs. Combien d'œufs a-t-il ramassés en tout ?

7 Quatre classes partent en voyage à Nîmes. Il y a 29 élèves de CM2, 24 de CM1, 27 de CE2 et 26 de CE1. Combien d'élèves ont participé au voyage ?

8 Jules a mélangé trois jeux de 54 cartes. Combien de cartes a-t-il ?

9 Leïla a un jeu de 54 cartes.
Elle a distribué 16 cartes.
Combien de cartes reste-t-il ?

....

....

10 Pour aller visiter le pont du Gard, une école de Montélimar remplit 3 cars de 41 places.
Combien de voyageurs y a-t-il en tout ?

....

....

11 Combien de kilomètres séparent les villes de Grenoble et Ambert ?

....

....

12 Lisa a pris la moitié des bonbons de la boîte. Elle a 15 bonbons dans les mains.
Combien de bonbons y avait-il dans la boîte ?

....

....

13 Un bateau est parti de Bastia à 11 h 00.
Le voyage dure 8 h 00. À quelle heure le bateau arrive-t-il à Marseille ?

....

....

14 Jade a acheté une balle à 3 euros, un livre à 4 euros et un collier.
Elle a payé 12 euros. Combien coûte le collier ?

....

....

15 Il y a 21 élèves dans la classe de CE1.
Clara a distribué 4 feuilles à chacun.
Le maître lui avait donné un paquet de 100 feuilles.
Combien de feuilles reste-t-il dans le paquet ?

....

58 La symétrie

Je découvre l'axe de symétrie

Je découvre

1 Six erreurs se sont glissées dans le reflet de ce dessin. Retrouve-les et entoure-les.

J'applique

2 Repasse en rouge l'axe de symétrie s'il y en a un.

3 Entoure les chiffres et les lettres qui ont un axe de symétrie.

4 Trace les axes de symétrie des lettres et du chiffre.

Doubles et moitiés : demander de trouver le double de 100 ou la moitié de 60, par exemple.
Écrivez le résultat sur l'ardoise.

Je m'entraîne

5 Trace les axes de symétrie des figures. Tu peux utiliser du papier calque pour t'aider.

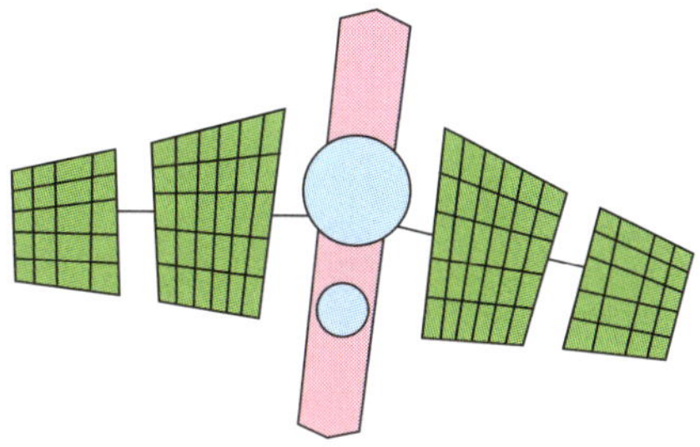

6 Trace les axes de symétrie des figures.

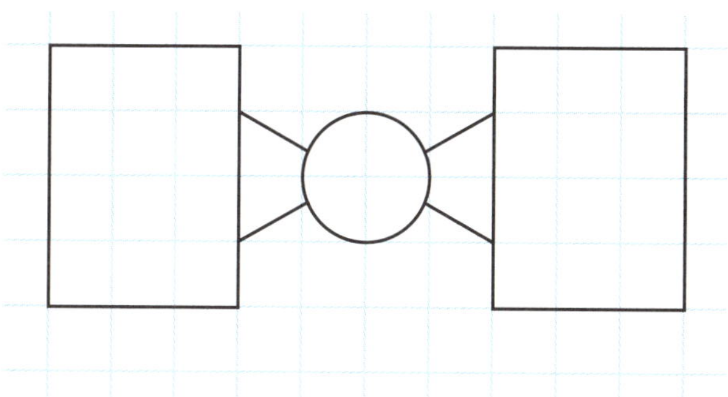

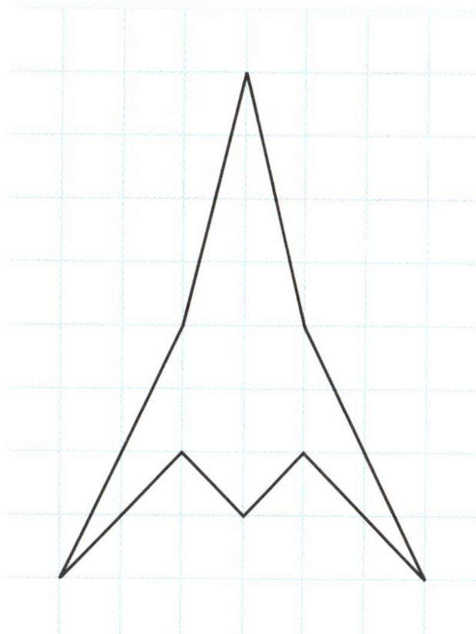

7 **Défi** Colorie de la même couleur les personnages symétriques.

59 Résoudre des problèmes (2)

J'utilise les relations entre les unités de mesure pour résoudre des problèmes

Les bouteilles A, B, C et D ont été vidées dans des verres de 1 litre.

1 Classe les bouteilles de la plus petite contenance à la plus grande.

....

Quelle bouteille contient un litre exactement ? ....

Quelle est la contenance de la bouteille A ? ....

2 Classe ces bracelets du plus long au plus court : ....

Combien de centimètres manque-t-il à chaque bracelet pour être aussi long que le plus long ?

Il manque .... *au bracelet* .... *pour être aussi long que le bracelet* ....

Il manque .... *au bracelet* .... *pour être aussi long que le bracelet* ....

3 Avec ta règle, dessine un bracelet mesurant 14 cm.

4 Sophie doit poser des carreaux de 20 cm de côté sur un mur mesurant 2 mètres de long par 1 mètre de haut.
De combien de carreaux a-t-elle besoin sur la longueur ?

....

....

....

De combien de carreaux a-t-elle besoin sur la hauteur ?

....

De combien de carreaux a-t-elle besoin en tout ?

....

....

Énoncer des problèmes de mesure du type :
– Mon bâton mesure 98 cm. Celui de Téo mesure 3 cm de plus. Quelle est sa taille ?
– Je dois faire mijoter mon ragoût pendant 1 h. Il cuit depuis 50 min. Combien de temps doit-il encore cuire ?

5 Lucile court 300 mètres sur l'herbe, 400 mètres sur du sable, 700 mètres dans les bois, 600 mètres sur la route, 500 mètres le long d'une rivière et 1 kilomètre sur un chemin de terre. Calcule la distance totale qu'elle parcourt.

6 Mado et Roland naviguent pendant 50 minutes. Ils se baignent pendant 30 minutes. Ils bronzent pendant 10 minutes. Ils pêchent durant 30 minutes et rentrent au port en 60 minutes. Calcule la durée de leur promenade en heures et en minutes.

7 Quelle masse pèse le melon ?

Quelle masse pèse la pastèque ?

8 Paul achète un livre à 9 € 50, un jeu de cartes à 10 € 30 et une poupée à 25 € 30. Quelle somme paye-t-il en tout ?

Barre la monnaie qu'utilise Paul pour faire l'appoint.

Les records du monde... animal

1 Des anacondas et des collégiens

L'anaconda n'est pas aussi long qu'un python mais c'est le serpent le plus lourd : il peut peser 250 kg !

Si on met deux anacondas de 250 kg chacun sur un plateau de balance, combien de collégiens de 50 kg doivent monter sur l'autre plateau pour équilibrer la balance ?

....

....

....

2 Le rhinocéros et le scarabée rhinocéros

Observe ces deux animaux : ils se ressemblent beaucoup, même s'ils ne font pas la même taille...

Scarabée

Rhinocéros

Qui a la corne la plus longue ?

....

Quelle longueur en centimètres manque-t-il à la corne la plus petite pour être aussi grande que l'autre ?

....

3 Le dromadaire et le chameau

Le chameau et le dromadaire font partie de la même famille : les camélidés.
Ces deux animaux se ressemblent beaucoup mais on peut les reconnaître facilement : le dromadaire ne possède qu'une bosse alors que le chameau en a deux.

Un parc animalier achète des dromadaires et des chameaux.
À leur arrivée, on peut compter 9 bosses et 20 pattes.

Combien y a-t-il de chameaux et de dromadaires ?

....

....

....

4 Devinette : l'animal mystère

Sauras-tu trouver l'animal mystère ?

a Regarde les informations dans le tableau et fais les opérations demandées.

Masse (en kg)		
Gorille : 200 kg *Autruche : 150 kg* *Poule : 2 kg*	*Zèbre : 250 kg* *Antilope : 100 kg* *Panthère : 50 kg*	*Ours polaire : 500 kg*

• Multiplie la masse du gorille par 3. ....

• Puis soustrais la masse de l'ours polaire. .... – .... = ... kg
Cela correspond à la masse de l'animal mystère.

• Cherche le nom de l'animal mystère dans le tableau. ....

b L'animal mystère que tu as trouvé peut faire des bonds de 15 mètres de longueur.

Pour parcourir 60 mètres, combien de bonds doit-il réaliser ?

....

....

c **Parti dans son élan, il décide de courir 120 mètres. Combien de bonds doit-il faire ?**

....

....

Je fais le bilan

1 Écris le résultat des multiplications dictées. *Tables de 2, 3, 4 et 5*

.....	.....	.....	.....	.....	.....	.....	.....	.....	.....	.....	.....	.....	.....	.....

2 Calcule.

10 ÷ 5 = ... 18 ÷ 2 = ... 50 ÷ 5 = ... 100 ÷ 2 = ... 75 ÷ 5 = ...

3 Un chocolatier a rangé 95 chocolats dans 5 sachets. Combien de chocolats y a-t-il dans chaque sachet ?

....

....

....

4 Complète le tableau en t'aidant du graphique.

Couleur des dossards	Nombre de dossards
Jaune	
Rose	
Bleu	
Rouge	
Vert	

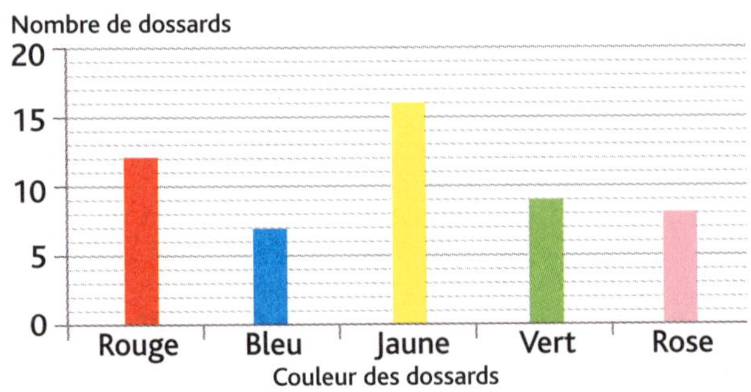

5 Complète par le signe < ou >.

547 ◯ 745

560 ◯ 506

359 ◯ 300 + 90 + 5

6 Écris les nombres en chiffres.

Sept cent quatre-vingts : ....

Cent soixante-dix-neuf : ....

Quatre cent huit : ....

7 Indique par une flèche la position des nombres sur la droite.

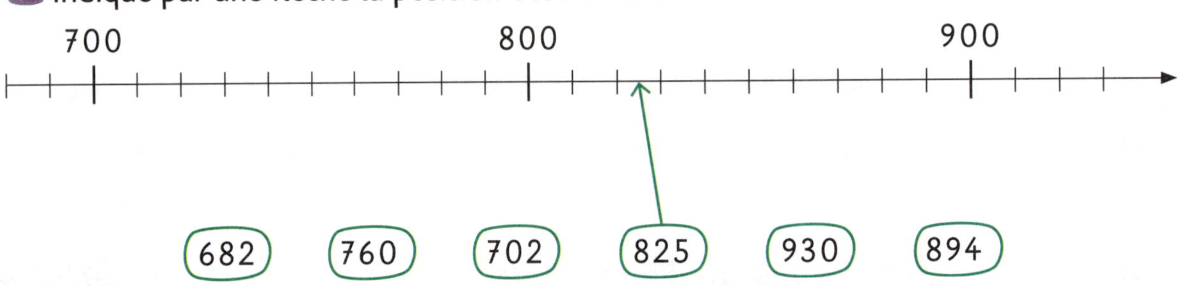

8 Pose et calcule.

43 × 2

c d u

×

64 × 2

c d u

×

9 Pose et calcule.

278 + 190 + 83

715 – 264

10 Utilise la bonne unité dans chaque phrase : *cm*, *m*, *km*.

Une girafe mesure 5 .... *Une règle mesure 20* .... *Le Rhône mesure 812* ....

11 Lors d'une course d'aviron, chaque équipe doit parcourir 1 km. L'équipe française a déjà parcouru 750 m. Quelle distance lui reste-t-il à parcourir ?

....

....

....

12 Trace l'axe de symétrie du dessin.

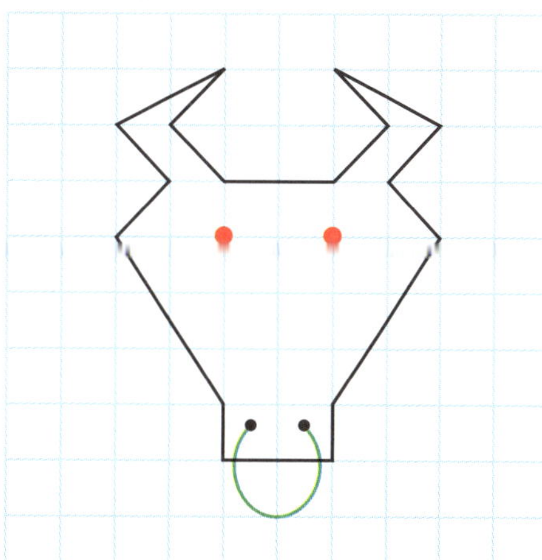

13 Colorie un carré en rouge, un rectangle en bleu et un triangle rectangle en vert.
Décris chaque figure :

Le carré : ....

....

Le rectangle : ....

....

....

Le triangle rectangle : ....

....

....

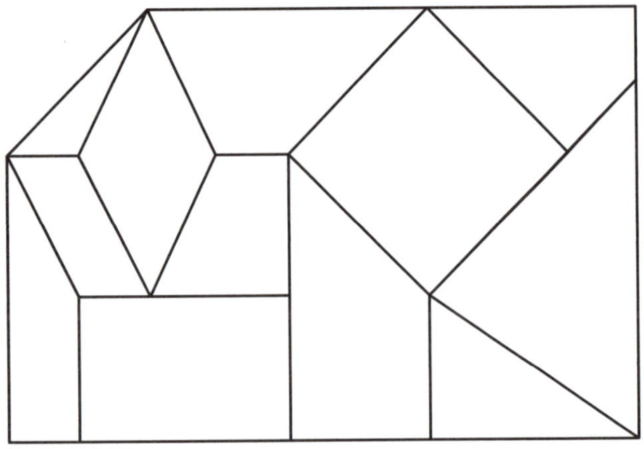

14 Léa regarde un film qui dure 1 heure. Elle a déjà regardé 40 minutes. Combien de temps reste-t-il avant la fin du film ?

....

....

....

15 Marie mesure 1 m 40 cm. Elle monte sur des échasses de 60 cm. Quelle taille Marie mesure-t-elle avec ses échasses ?

....

....

....

16 Téo a acheté un pain au chocolat à 80 centimes et un pain de campagne à 1 € 20. Quelle somme a-t-il dépensée ?

....

....

....

17 Cerise a besoin de 1 kg de farine. Elle a déjà 300 g. Quelle masse de farine lui manque-t-il ?

....

....

....

18 Lis les informations et colorie les poissons dans la bonne couleur.

Le poisson violet nage devant le poisson rouge.
Le poisson jaune est en dessous du vert.

Mémento

Tu trouveras tout ce qu'il faut savoir pour…

NOMBRES ET CALCUL

Lire et écrire des nombres .... p. 146

Décomposer les nombres en centaines, dizaines et unités .... p. 146

Distinguer le chiffre des unités (dizaines, centaines) et le nombre d'unités (dizaines, centaines) .... p. 146

Ranger, comparer des nombres avec les signes < et > .... p. 147

Les doubles et les moitiés de nombres .... p. 147

Les tables de multiplication par 2, 3, 4 et 5 .... p. 147

Les compléments à la dizaine supérieure .... p. 147

Les opérations en colonnes : l'addition, la soustraction .... p. 148

Les opérations en colonnes : la multiplication .... p. 149

Diviser par 2 et par 5 .... p. 149

GÉOMÉTRIE

Le carré, le rectangle, le triangle et le triangle rectangle .... p. 150

La règle, l'équerre, le gabarit de l'angle droit .... p. 150

L'alignement .... p. 151

L'angle droit .... p. 151

L'axe de symétrie .... p. 151

Les solides : le cube, le pavé .... p. 151

GRANDEURS ET MESURES

La relation heure et minute .... p. 152

La relation mètre et centimètre / mètre et kilomètre .... p. 152

La relation kilogramme et gramme .... p. 153

La relation euros et centimes d'euro .... p. 153

Mesurer des longueurs avec un double décimètre .... p. 153

Nombres et calcul

Lire et écrire des nombres

0	1	2	3	4	5	6	7	8	9
10	11	12	13	14	15	16	17	18	19
20	21	22	23	24	25	26	27	28	29
30	31	32	33	34	35	36	37	38	39
40	41	42	43	44	45	46	47	48	49
50	51	52	53	54	55	56	57	58	59
60	61	62	63	64	65	66	67	68	69
70	71	72	73	74	75	76	77	78	79
80	81	82	83	84	85	86	87	88	89
90	91	92	93	94	95	96	97	98	99

• Pour écrire tous les nombres jusqu'à 99, on a besoin de **10 chiffres** :
0 1 2 3 4 5 6 7 8 9.
C'est la **place** du chiffre dans le nombre qui change tout.

• Pour écrire les nombres jusqu'à 99 en lettres, on a besoin de **21 mots-nombres** :

un *deux* *trois* *quatre* *cinq* *six* *sept* *huit* *neuf* *dix* *onze* *douze*
treize *quatorze* *quinze* *seize* *vingt* *trente* *quarante* *cinquante* *soixante*

Ex. : soixante-dix-huit

• Pour écrire tous les nombres jusqu'à 999, il y a un seul nombre à rajouter : *cent*

Décomposer les nombres en centaines, dizaines et unités

Pour comprendre comment sont constitués les nombres on peut les écrire sous forme d'additions, cela s'appelle une **décomposition**.

Ex. : 10 + 10 + 4 = 24 75 = 60 + 15 183 = 100 + 20 + 20 + 20 +20 + 3 (20 + 20 + 20 + 20 : quatre-vingts)

Distinguer le chiffre des unités (dizaines, centaines) et le nombre d'unités (dizaines, centaines)

Il faut bien regarder la **position** des chiffres dans un nombre :

Centaines	Dizaines	Unités
5	8	3

Il ne faut pas confondre le **chiffre** des unités et le **nombre** d'unités.
En lisant un nombre avec ton compteur, tu peux savoir que, dans 583, il y a :

583 unités
58 dizaines
5 centaines

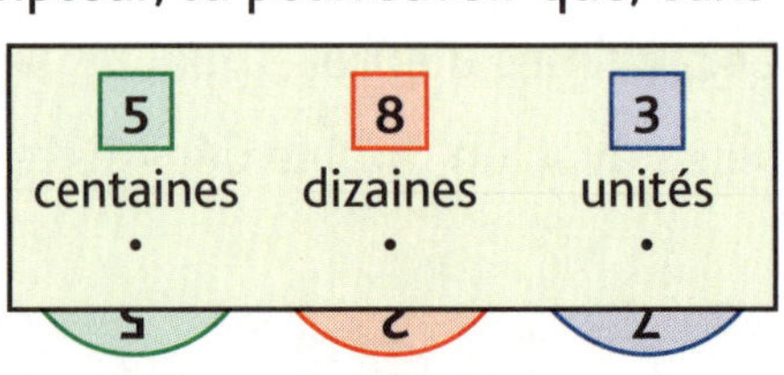

Ranger, comparer des nombres avec les signes < et >

• Le signe < veut dire que l'on a rangé les nombres dans **l'ordre croissant :**
du plus petit au plus grand : 52 < 54

• Le signe > veut dire que l'on a rangé les nombres dans **l'ordre décroissant :**
du plus grand au plus petit : 86 > 80

On peut aussi les ranger en utilisant une règle graduée.

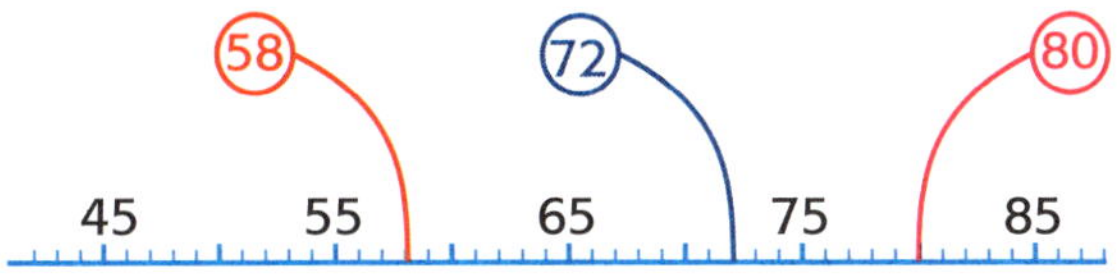

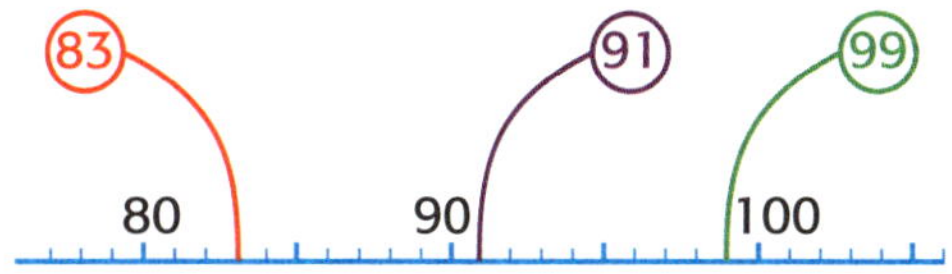

Les doubles et les moitiés de nombres

• Le **double**, c'est quand on ajoute le même nombre, quand on le multiplie par 2 :

8 + 8 = 16
2 × 8 = 16 } on dit que 16 est le double de 8.

Remarque : le double se termine toujours par 0, 2, 4, 6, 8 : c'est un nombre pair.

• La **moitié**, c'est quand on partage en deux parties égales :
9 est la moitié de 18 car 2 × 9 = 18.

Liste des 21 premiers nombres et de leur double :

0	1	2	3	4	5	6	7	8	9	10	11	12	13	14	15	16	17	18	19	20
0	2	4	6	8	10	12	14	16	18	20	22	24	26	28	30	32	34	36	38	40

Tu peux utiliser ce tableau pour trouver la moitié des 21 premiers nombres.

Les tables de multiplication par 2, 3, 4 et 5

2 × 1	2 × 2	2 × 3	2 × 4	2 × 5	2 × 6	2 × 7	2 × 8	2 × 9	2 × 10
2	4	6	8	10	12	14	16	18	20

3 × 1	3 × 2	3 × 3	3 × 4	3 × 5	3 × 6	3 × 7	3 × 8	3 × 9	3 × 10
3	6	9	12	15	18	21	24	27	30

4 × 1	4 × 2	4 × 3	4 × 4	4 × 5	4 × 6	4 × 7	4 × 8	4 × 9	4 × 10
4	8	12	16	20	24	28	32	36	40

5 × 1	5 × 2	5 × 3	5 × 4	5 × 5	5 × 6	5 × 7	5 × 8	5 × 9	5 × 10
5	10	15	20	25	30	35	40	45	50

Les compléments à la dizaine supérieure

Pour passer à la dizaine supérieure, il faut regarder le chiffre des unités du nombre. Ensuite, on se sert des compléments à 10.

Pour faire 10 : 9 + 1 8 + 2 7 + 3 6 + 4 5 + 5

Donc pour faire 20 : 19 +1 18 + 2 17 + 3 16 + 4 15 + 5

Les opérations en colonnes

• Pour écrire des opérations en colonnes, je dois toujours aligner les chiffres selon leur position dans le nombre :
– les unités dans la colonne des unités ;
– les dizaines dans la colonne des dizaines ;
– les centaines dans la colonne des centaines.
Sur une feuille à carreaux, je ne mets qu'un chiffre par carreau.
Une centaine, c'est 10 dizaines et une dizaine, c'est 10 unités.

c	d	u
3	9	2
		4
	6	1

• Je pense aux retenues quand il y en a.
– Il y a une retenue quand la somme des nombres de la colonne dépasse 10.
– La retenue est le nombre de dizaines de cette somme.
– La retenue se place au-dessus des nombres de la colonne suivante.
– La retenue s'ajoute aux nombres de cette nouvelle colonne.

L'addition

3 9 2 + 8 4 + 1 6 1 —— 7	J'additionne d'abord les unités : 2 + 4 + 1 = 7. ← J'écris le 7 dans la colonne des unités.
(2) 3 9 2 + 8 4 + 1 6 1 —— 3 7	Je calcule ensuite les dizaines : 9 + 8 + 6 = 23. 23 dizaines, c'est 2 centaines et 3 dizaines. ← J'écris le 3 dans la colonne des dizaines et je place 2 centaines en retenue.
(2) 3 9 2 + 8 4 + 1 6 1 —— 6 3 7	Je calcule enfin les centaines. Je n'oublie pas les 2 centaines que j'ai retenues. 2 + 3 + 1 = 6. ← J'écris 6 dans la colonne des centaines.

La soustraction

6 4 – 3 8 ——	Pour poser une soustraction, j'écris le plus grand nombre en haut et le plus petit en dessous. Je soustrais d'abord les unités : j'ai 4 unités ; je ne peux pas en enlever 8 !
(+10) 6 4 – 3 8 (+1) ——	Si j'ajoute la même quantité aux deux nombres, l'écart ne changera pas : je donne 10 unités au nombre d'en haut et 1 dizaine au nombre d'en bas.
6 ₁4 – (3 +1) 8 —— 2 6	Maintenant je peux facilement faire la soustraction : 14 – 8 = 6. Je soustrais les dizaines : 6 – 4 = 2. ← J'écris 6 dans la colonne des unités et 2 dans la colonne des dizaines.

La multiplication

d u 3 9 × 2	39, c'est 3 dizaines et 9 unités. 2 fois 39, c'est 2 × 9 unités + 2 × 3 dizaines.
3 9 × 2 ① 8	2 × 9 unités = 18 unités. J'écris 8 dans la colonne des unités et je retiens 1 dizaine.
3 9 × 2 ~~1~~ 7 8	2 × 3 dizaines = 6 dizaines. Je n'oublie pas la dizaine que j'ai retenue. J'écris 7 dans la colonne des dizaines.

Diviser par 2 et par 5

Pour partager une collection en donnant autant à chacun, on peut diviser.

• Diviser par deux, c'est trouver la moitié d'un nombre.

Tous les nombres pairs (qui se terminent par 0, 2, 4, 6, 8…) **se divisent par 2.**

Ex. : 12 cartes divisées entre 2 joueurs. Chacun en reçoit 6. Il n'en reste plus.

• **Les nombres qui ont 0 ou 5 comme chiffre des unités se divisent par 5.**

Tu trouves les 10 premiers dans la table de 5 :

– 5, 10, 15, 20, 25, 30, 35, 40, 45, 50 ;

– puis 55, 60, 65…

Ex. : 35 cartes divisées entre 5 joueurs. Chacun en reçoit 7.

Pour diviser un nombre par 5, tu peux essayer de le décomposer.

Ex. : 85 divisé par 5 :

85, c'est 50 + 35

50 et 35 sont deux nombres que tu trouves dans la table de 5.

50 = 5 × 10 et 35 = 5 × 7

10 + 7 = 17

Donc 85 divisé par 5 = 17.

Géométrie

Le carré, le rectangle, le triangle et le triangle rectangle

Depuis le CP tu connais trois figures particulières.

Le carré :
- il a 4 côtés égaux
- il a 4 angles droits

Le triangle :
- il a 3 côtés

Le rectangle :
- il a 4 côtés
- il a 4 angles droits

Il faut aussi t'habituer à reconnaître ces trois figures dans des positions différentes.

Il existe un triangle particulier qui s'appelle le triangle rectangle. Ce triangle a un angle droit.

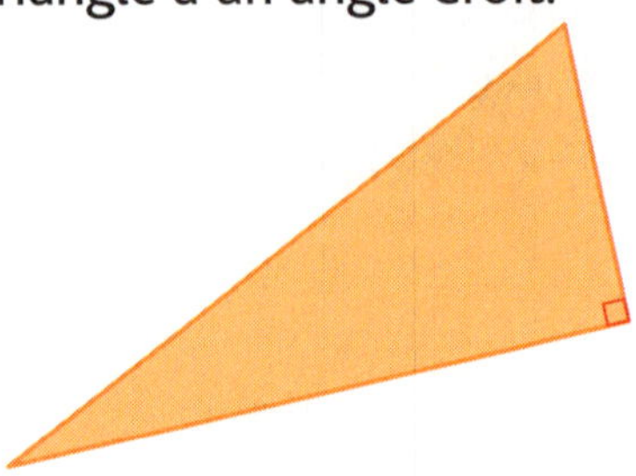

On peut tracer deux triangles rectangles dans un rectangle.

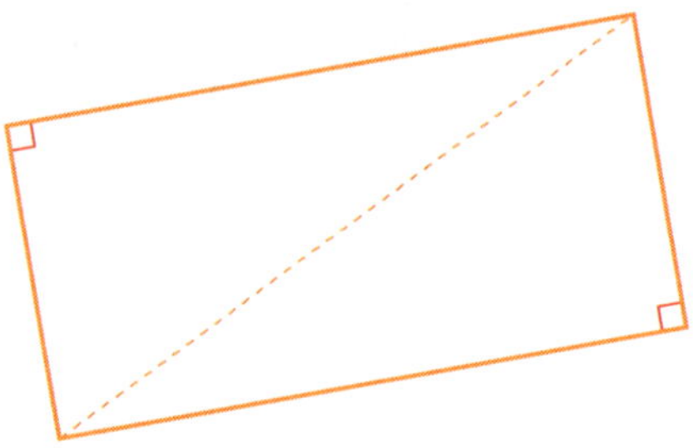

La règle, l'équerre, le gabarit de l'angle droit

Tu connais trois instruments pour t'aider à faire des tracés en géométrie.

La règle

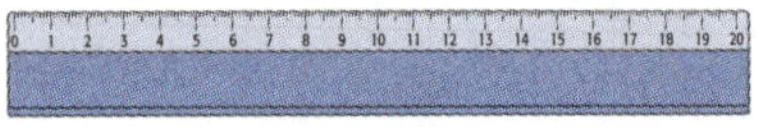

Elle sert à vérifier l'alignement ou à aligner des points.

L'équerre

Elle sert à vérifier ou à tracer un angle droit.

Le gabarit de l'angle droit

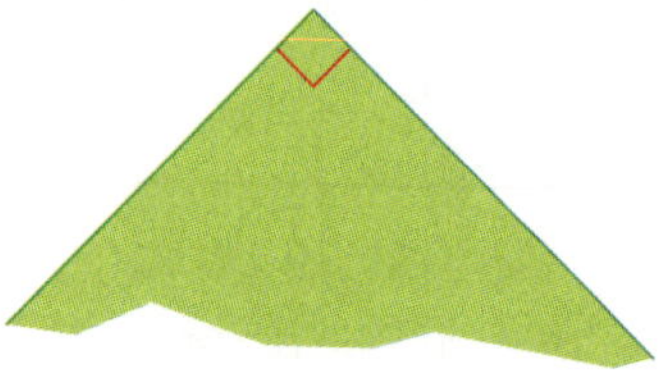

Il sert à vérifier ou à tracer un angle droit.

L'alignement

On dit que des points sont alignés si on peut tracer un trait (une droite) qui les relie.
Ces trois points sont alignés :

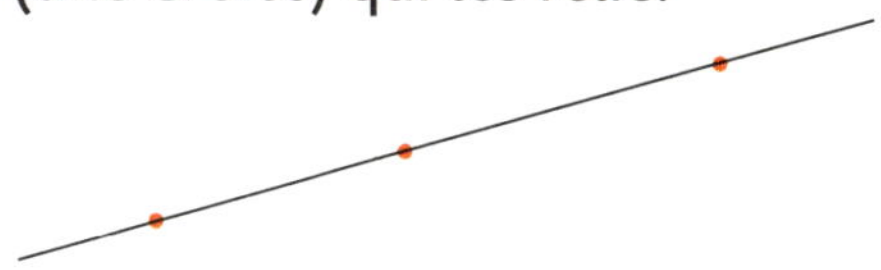

L'angle droit

Tu connais trois figures qui ont des angles droits : le carré, le rectangle et le triangle rectangle.

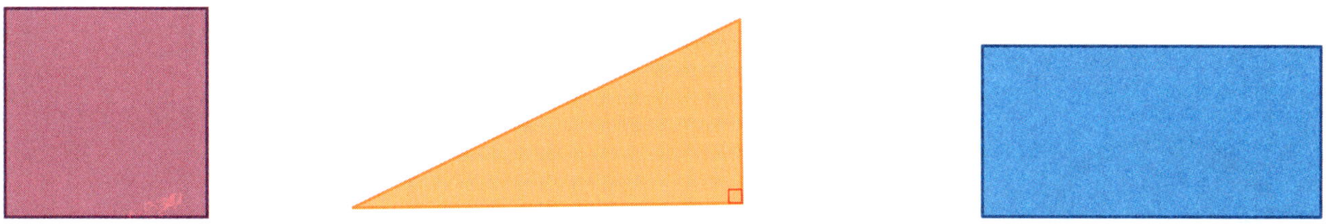

Tu peux reconnaître un angle droit soit avec une équerre, soit avec un gabarit.

L'axe de symétrie

Un axe de symétrie fonctionne comme un miroir ou comme un trait de pliage.

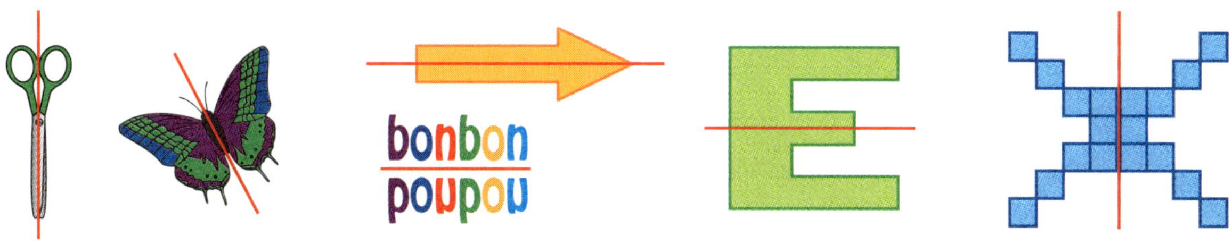

Si on plie selon l'axe de symétrie, les deux parties se superposent.

Les solides : le cube, le pavé

Voici deux solides : un cube et un pavé. Ils se ressemblent beaucoup, mais il y une différence entre les deux. C'est la forme de leurs faces.

- Le cube a toutes ses faces carrées.
- Le pavé a toutes ses faces rectangulaires.

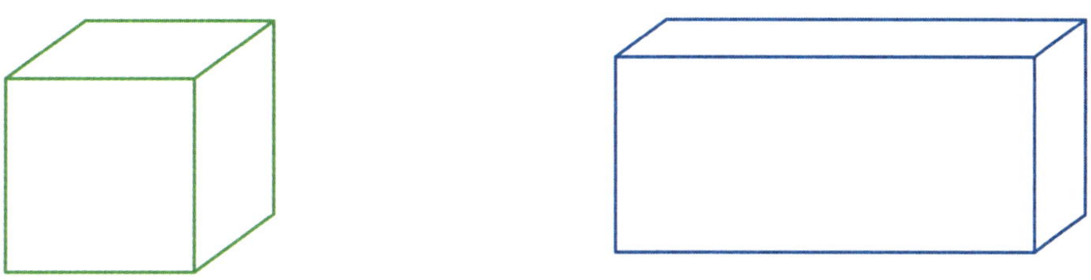

Tu connais des objets qui ressemblent à ces solides : le dé, la boîte de sucre, un livre…
Tu dois connaître quelques mots pour décrire les solides.
Voici un exemple avec le pavé :

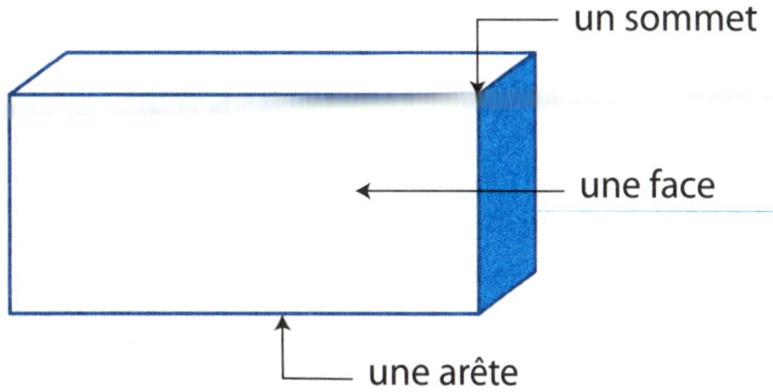

Grandeurs et mesures

La relation heure et minute

- Tu peux lire l'heure sur des cadrans à aiguilles ou des cadrans à chiffres.
- Sur les cadrans à aiguilles :
  – la grande aiguille indique les minutes. Elle fait un tour de cadran en 60 minutes ;
  – la petite aiguille indique les heures. Elle fait un tour de cadran en 12 heures.

1 heure = 60 minutes. Une demi-heure, c'est donc 30 minutes.

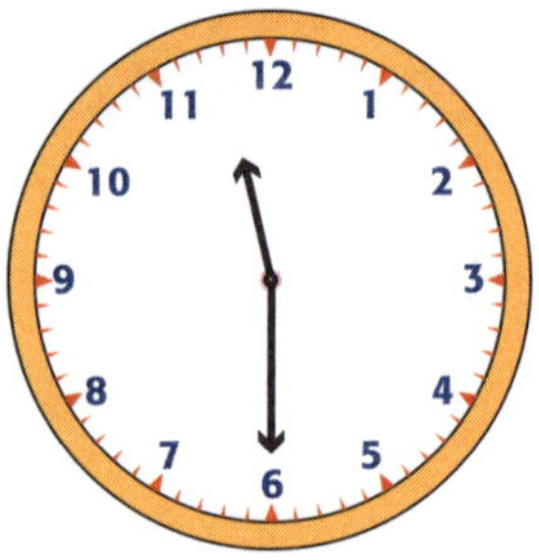

11 : 30

Sur ces deux cadrans, il est 11 h 30 min (onze heures et trente minutes).

La relation mètre et centimètre / mètre et kilomètre

On choisit les unités de mesure en fonction de la taille des objets à mesurer.

- Pour mesurer une personne, on utilise les mètres et les centimètres.

Ex. : Fatou mesure 1 m 20 cm
(un mètre et vingt centimètres).
1 m 20 cm = 120 cm

1 m 20 cm

Un mètre,
c'est cent centimètres.
1 m = 100 cm

- Pour mesurer des grandes distances (la distance entre deux villes), on utilise les kilomètres.

Ex. : Pour aller à Chartes,
il me reste 69 km
à parcourir.

Un kilomètre,
c'est mille mètres.
1 km = 1 000 m

La relation kilogramme et gramme

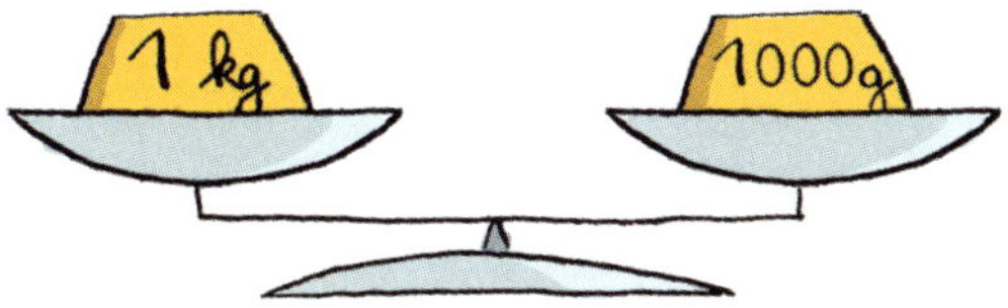

Un kilogramme,
c'est mille grammes
1 kg = 1 000 g

La relation euros et centimes d'euro

Les pièces en centimes d'euro

Les pièces en euros

Les billets en euros

Un euro vaut cent centimes d'euro.
1 €, c'est cent centimes.
1 € 25, c'est 125 centimes.

Mesurer des longueurs avec un double décimètre

Un double-décimètre est une règle graduée qui mesure vingt centimètres.
Avec cet outil, tu peux mesurer des longueurs en centimètres.
Ex. : Pour mesurer la longueur du côté d'un rectangle :

D'abord, tu alignes un côté du rectangle sur le zéro du double décimètre.

Puis tu lis la valeur indiquée sur la règle.

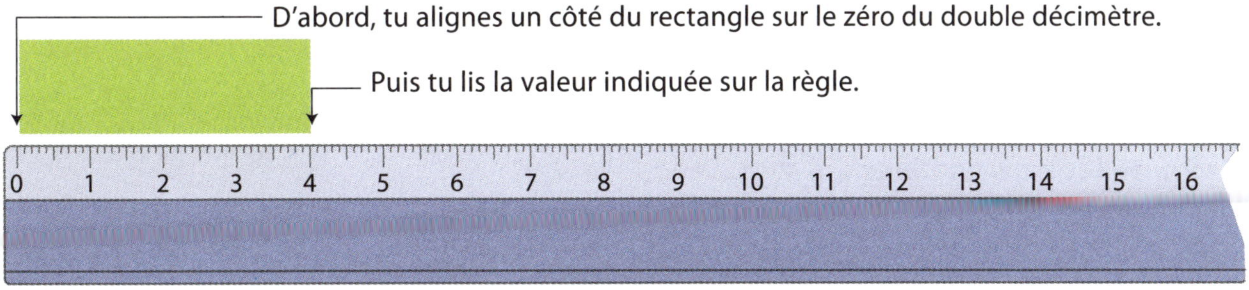

La longueur du côté de ce rectangle est 4 cm.

Banque d'exercices et de problèmes

NOMBRES

1 Trouve la règle et continue.

59	64	69	...	...	...	...	...	...	...	...	...	...	...	...	...

2 Trouve la règle et continue.

47	45	43	...	...	...	...	...	...	...	...	...	...	...	...	...

3 Trouve la règle et complète la bande.

...	...	...	...	...	...	...	167	177	187	...	...	...	...	...	...

4 Classe les nombres du plus petit au plus grand.

122 211 113 150 131 105

... < ... < ... < ... < ... < ...

5 Écris six nombres différents en utilisant toujours les trois chiffres 5 1 et 8.

... ...

6 Trouve le nombre mystère.

Le nombre mystère a 7 dizaines, 4 unités et 8 centaines.

....

7 Trouve le nombre mystère.

Le nombre mystère a 5 unités et 39 dizaines.

....

8 Retrouve les trois nombres qui se suivent.

2 .	. .	. 2
4 .	. .	. 0

. . 0	. . .	1 5 .
3 . 6	. . .	. 7 .

. 9	. .	6 .
. 9 .	. . .	3 . 1

CALCULS

1 Trouve la règle et continue.

+	2	4	5	7
1				
2				
4				
5				

2 Trouve la règle et continue.

+	3	6	8	9
2				
5				
7				

3 Effectue les opérations.

27	39	82	56	75
+ 14	+ 45	+ 64	+ 44	+ 68

4 Vérifie et corrige les opérations de Lucas quand il s'est trompé.

	+1	+1	+1	+1
49	17	38	28	75
+ 28	+ 68	+ 21	+ 49	+ 89
67	85	+ 14	+ 15	+ 41
		73	82	205

5 Calcule en ligne.

25 + 17 + 5 = ...   43 + 15 + 7 = ...   18 + 37 + 12 = ...   14 + 5 + 16 + 13 = ...

6 Calcule les soustractions.

69	594	248	586	475
− 17	− 134	− 103	− 72	− 412

7 Calcule les soustractions.

73	41	285	528	419
− 38	− 16	− 147	− 183	− 379

8 Calcule.

67 – 19 = ... 78 – 59 = ... 35 – 29 = ... 93 – 39 = ... 156 – 19 = ...

9 Calcule.

809 – 19 = ... 405 – 39 = ... 216 – 59 = ... 538 – 39 = ... 141 – 69 = ...

10 Calcule.

Tu peux t'aider de tes tables de multiplication.

		2	3
×			5
+			

5 × 3
5 × 20

		1	8
×			4
+			

4 × 8
4 × 10

		4	9
×			2
+			

2 × 9
2 × 40

11 Calcule.

		3	1
×			4

		2	3
×			3

	3	4	2
×			2

	2	2	1
×			4

	3	2	3
×			3

12 Calcule.

		5	3
×			2

		9	3
×			3

		2	7
×			5

13 Continue en calculant le double à chaque fois.

1 → 2 → 4 → ...... → ...... → ...... → ...... → ...... → ...... → ......

14 Calcule.

22 ÷ 2 = ... 50 ÷ 2 = ... 40 ÷ 2 = ... 100 ÷ 2 = ... 30 ÷ 2 = ...

15 Calcule.

50 ÷ 5 = ... 10 ÷ 5 = ... 25 ÷ 5 = ... 100 ÷ 5 = ... 15 ÷ 5 = ...

16 Sarah veut obtenir le nombre [33] sur l'écran de sa calculatrice, mais les touches [3] et [+] sont cassées. Quelle opération peut-elle faire ? ....

17 Mehdi veut obtenir le nombre 33 sur l'écran de sa calculatrice, mais seules les touches 2, 5, +, – et = fonctionnent. Quelle opération peut-il faire ? ....

RÉSOLUTION DE PROBLÈMES NUMÉRIQUES

1 Dans ma classe, il y a 14 garçons et 13 filles. Combien y a-t-il d'élèves dans ma classe ?

....

2 Fatia a 37 euros dans sa tirelire. Victor a 15 euros de plus que Fatia. Combien d'argent Victor a-t-il dans sa tirelire ?

....

3 Nous sommes 25 élèves en CE1. Il y a 2 élèves de plus que dans le CP. Combien y a-t-il d'élèves au CP ?

....

4 Paul a trié les 35 feutres de la classe. Il a jeté 12 feutres qui n'écrivent plus. Combien reste-t-il de feutres maintenant ?

....

5 Mourad a trié des pommes pour faire de la compote. Il avait acheté 35 pommes. Il n'a pu garder que 29 pommes car les autres étaient pourries. Combien a-t-il jeté de pommes ?

....

6 Florian pèse 37 kg. Max pèse 6 kilos de plus que lui. Quel est le poids de Max ?

....

7 Maman a 29 ans. J'ai 22 ans de moins que maman. Quel est mon âge ?

....

8 Dans un bouquet, il y a 45 fleurs. 19 sont des roses. Les autres sont des lys. Combien y a-t-il de lys ?

....

9 L'album d'images d'Anna a 17 pages. Elle a collé 4 images par page. Combien a-t-elle d'images dans son album ?

....

10 Pour son anniversaire, Damien a acheté 7 paquets de bonbons. Chaque paquet coûte 3 €. Combien a-t-il dépensé ?

....

11 Marie a 6 ans. Son oncle est 5 fois plus âgé qu'elle. Quel âge a son oncle ?

....

12 Qui a le plus d'argent dans son porte-monnaie ?

...... < ......

....

13 Lilou a 15 bonbons au chocolat à partager avec ses 2 frères. Combien de chocolats aura chacun des trois enfants ?

....

14 Manon a 32 cartes. Elle distribue le plus possible de cartes à 4 joueurs. Chacun reçoit le même nombre de cartes. Combien de cartes a chaque joueur ?

....

15 Un fleuriste a 42 fleurs.
Combien de bouquets de 6 fleurs peut-il faire ?

....

Combien de bouquets de 7 fleurs peut-il faire ?

....

GRANDEURS ET MESURES

1 Le cheval de Jeanne fait une course de 600 m et une autre de 500 m.
Quelle distance en kilomètres et mètres a-t-il parcourue ?

....

2 Que peut acheter Marc avec l'argent qu'il a ?

Marc possède .... euros. Il peut acheter ....

3 Pour les fêtes de fin d'année, Malika achète 5 sachets de 200 g de chocolats.
Quelle masse, en kilogramme, de chocolats achète-t-elle ?

....

4 La distance entre Lyon et Grenoble est de 120 km. Cathy a déjà parcouru 109 km et 500 m. Quelle distance lui reste-t-il à parcourir ?

....

5 En athlétisme, Wilfried lance un poids à 6 m et 60 cm. Pour gagner le concours, il doit le lancer à 7 m. Combien lui manque-t-il pour atteindre 7 m ?

....

6 Steven a un film de 40 minutes, un autre de 30 minutes et un dernier de 20 minutes. Il souhaite enregistrer ces films sur un DVD de 1 heure. Quels films peut-il enregistrer sur le DVD ?

....

GÉOMÉTRIE

1 Observe bien le modèle et reproduis-le.

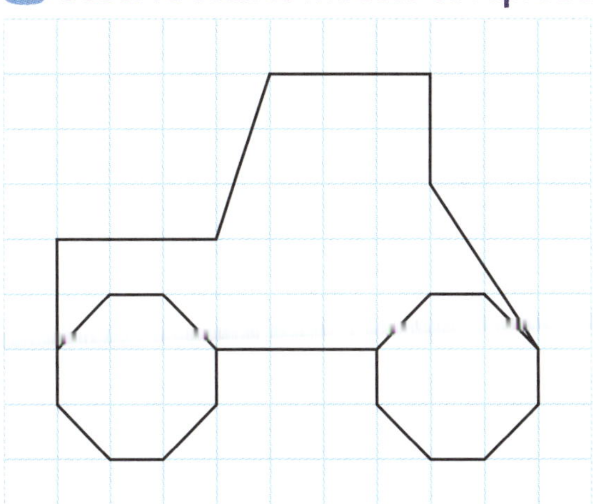

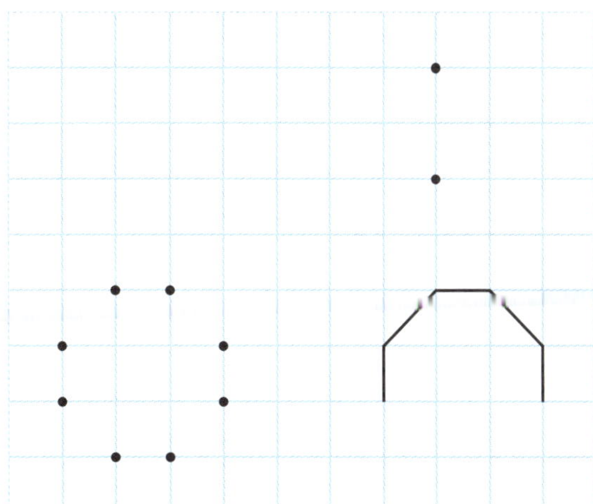

2 Observe bien le modèle et relie les points pour le reproduire en grand.

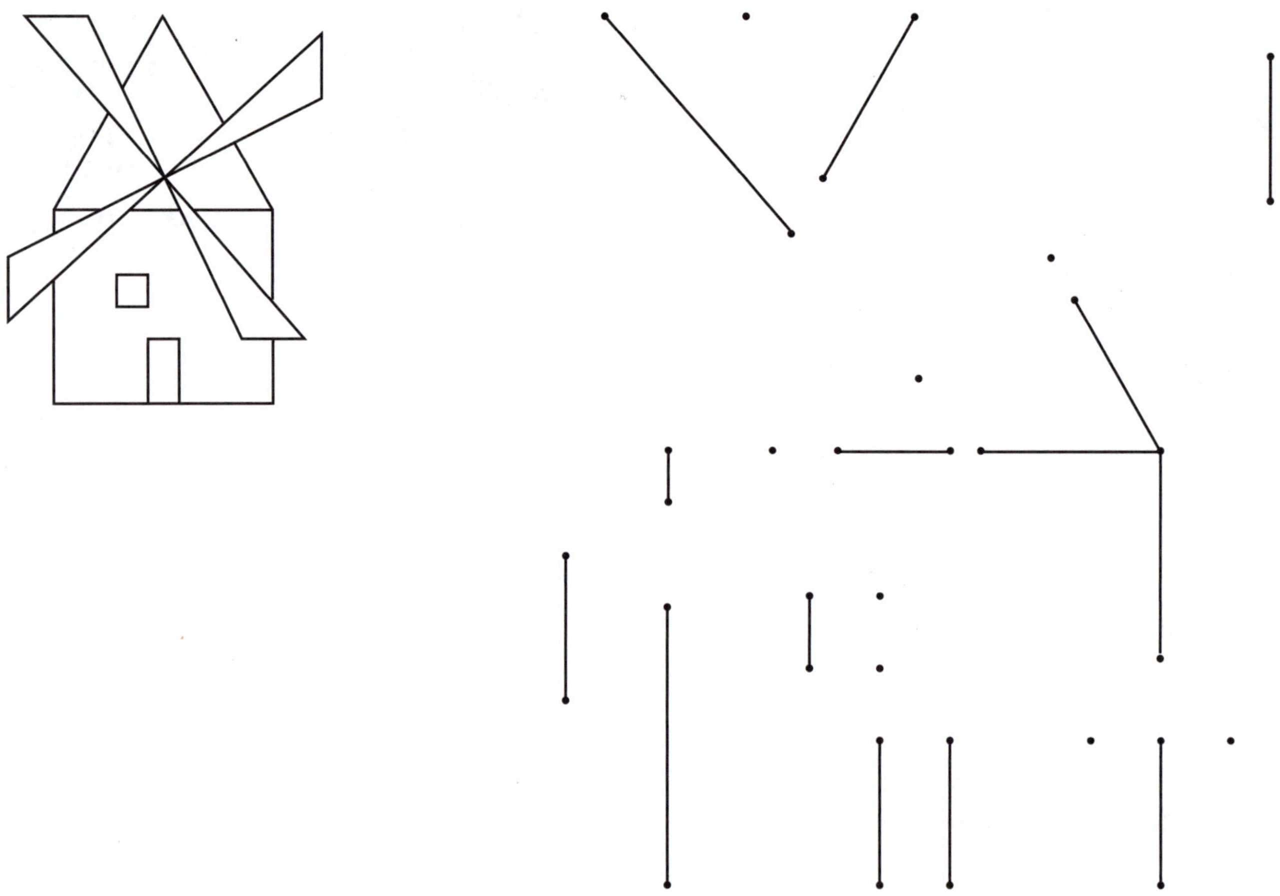

ORGANISATION ET GESTION DE DONNÉES

1 Pierre a noté le nombre de tomates qu'il a ramassées chaque jour dans son jardin.

	Lundi	Mardi	Mercredi	Jeudi	Vendredi	Samedi	Dimanche
Nombre de tomates ramassées	4	6	3	1	5	2	3

Combien a-t-il cueilli de tomates mardi ? ....

Quel jour a-t-il cueilli le moins de tomates ? ....

Combien a-t-il cueilli de tomates cette semaine ? ....

2 Max a acheté 3 paquets de nounours, 2 paquets de sucettes et 4 paquets de réglisses.

	1 paquet	2 paquets	3 paquets	4 paquets	5 paquets
Nounours	12	24	36	48	60
Sucettes	4	8	12	16	20
Réglisses	10	20	30	40	50

Combien y aura-t-il de bonbons dans le saladier où il y versera tous ses paquets ?

....